DIEDERICHS GELBE REIHE

herausgegeben von Michael Günther

Robert Aitken

Zen als Lebenspraxis

Mit einem Vorwort von Gary Snyder

Aus dem Amerikanischen von
Christian Quatmann

Eugen Diederichs Verlag

Die Originalausgabe erschien unter dem Titel
Taking the Path of Zen
bei North Points Press, San Francisco

Die Zeichnung auf dem Einband zeigt ein Porträt des Zen-Meisters Ikkyu Sôjun (1394–1481); der Maler ist unbekannt.

Die Deutsche Bibliothek – CIP-Einheitsaufnahme
Aitken, Robert:
Zen als Lebenspraxis / Robert Aitken. Vorw. von Gary Snyder.
Aus dem Amerikan. von Christian Quatmann. – Sonderausgabe
1998 – München : Diederichs, 1998
(Diederichs Gelbe Reihe ; 78 : Japan)
Einheitssacht.: Taking the path of Zen <dt.>
ISBN 3-424-01460-5
NE: GT

Sonderausgabe 1998

Umschlaggestaltung: Zembsch' Werkstatt, München
Produktion: Tillmann Roeder, München
Gesamtherstellung: Presse-Druck Augsburg
Printed in Germany

ISBN 3-424-01460-5

INHALT

VORWORT

Wie ein schnittiges Boot, das unversehens hinter schweren Tankerschiffen und Frachtern und strahlend hell erleuchteten Vergnügunsdampfern hervorschießt, so kommt auch dieser anmutige Text mit einer frischen Brise im Rücken daher. Er zeichnet sich aus durch Ruhe, Klarheit und Praxisbezogenheit, und so gelingt es dem Autor, uns den Glauben und die Praxis des Zen-Buddhismus ohne Vorspiegelung falscher Tatsachen nahezubringen.

Robert Aitken ist ein wahrer amerikanischer Meister oder *Roshi*, wie man im Sprachgebrauch des Zen sagt. Er wurde in Hawaii geboren und geriet erstmals während des Zweiten Weltkrieges in einem Gefangenenlager in Japan mit Zen in Berührung. Als junger Bauarbeiter auf Guam war er als Zivilist in Gefangenschaft geraten und in einem Internierungslager festgesetzt worden. Einer der der dortigen Wächter erfuhr von Aitkens Interesse an der *Haiku*-Dichtung und lieh dem jungen Amerikaner deshalb R. H. Blyth' berühmtes Buch *Zen in English Literature*. Später wurde Mr. Blyth in dem gleichen Lager interniert, und Aitken begann die ersten der zahlreichen Lehrjahre, die ihm noch bevorstehen sollten. Nach dem Krieg arbeitete er in Südkalifornien; er *saß* unter Anleitung Nyogen Senzakis, des einflußreichsten amerikanischen Zenlehrers der Gründergeneration. Mehr als vierzig Jahre lang übte sich Aitken in der Praxis des Zen, führte zugleich ein Familienleben, unterrichtete an Universitäten und ging zahlreichen »weltlichen« Geschäften nach. Nachdem er von Kalifornien nach Hawaii zurückgekehrt war, unternahm er wiederholt Reisen nach Japan, wo er bei Nakagawa Soen Roshi und Yasutani Hakuun Roshi in die Lehre ging. In der Folge leiteten Robert und seine Frau Anne den allmählich wachsenden »Diamant-Sangha« auf Hawaii. Auch nach Yasutani Roshis Tod unternahmen Robert und Anne weiterhin Reisen nach Japan und setzten dort in Kamakura bei Yamada Koun Roshi, dem Nachfolger ihres früheren Meisters, ihre Schulung fort. 1974 erhielt Robert Aitken die Lehrgenehmigung und hatte somit selbst den »Status« eines Roshi erlangt. In diesem Buch sind die Grundgedanken enthalten, die Robert im Laufe von fast fünfzehn Jahren im Schulungsgespräch mit seinen Schülern entwikkelt hat.

Trotz all der klugen Bücher, die in den beiden vergangenen Jahrzehnten zum Thema Zen erschienen sind, verfügen wir bis heute über kein Werk, das die alltägliche Übungspraxis so lebendig und anschaulich beschreibt wie dieses. Anfänger und auch Fortgeschrittene werden feststellen, daß Aitken die kompliziertesten Knoten entwirrt und alte Fragestellungen neu aufrollt.

Der Weg des Zen-Buddhismus ist einer unter vielen, und die erste Absicht dieses Buches ist es, dem Suchenden bei der Wahl des für ihn richtigen Weges zu helfen, sei es der Weg des Buddhismus oder ein anderer. In diesem Geist behandelt es die Grundfragen der richtigen Körperhaltung, der Atmung und der geistigen Einstellung ohne Rückgriff auf theologische oder mythologische Erklärungsmuster. Manch einer, der mit dem Begriff des Zen die Vorstellung absoluter Spontaneität und Kreativität verbindet, wird überrascht sein, wenn er in diesem Buch erfährt, welch großen Wert die Anhänger des Zen auf oftmals mühselige Ordnungsliebe, auf Sauberkeit und Pünktlichkeit legen. Persönliches Engagement und die freie, jedoch unerschütterliche Entscheidung stehen im Mittelpunkt der täglichen Praxis des Zen und nicht die unkritische Abhängigkeit von einer Guru-Figur oder das Schwelgen in halbverstandenen »spirituellen« Platitüden.

Gerade in unserer Zeit erfüllt sich der Geist des Buddhismus mit neuem Leben. Eine der Ursachen für diesen Wandel haben wir sicherlich in der Wertschätzung zu sehen, die bei den abendländischen Anhängern des Zen-Buddhismus ein von den Grundsätzen des Buddhismus geprägtes natürliches Familienleben genießt. Es ist faszinierend zu beobachten, wie heutzutage Laien-Lehrer, gleichsam zeitgenössische Virmalakirtis, zwischen den strikt mönchisch ausgerichteten Übungshallen und den zenbuddhistischen Laienzentren als Vermittler wirken. Und nicht weniger faszinierend ist es zu beobachten, wie diese Laiengemeinschaften durch ihr Beispiel den Geist besonnener Nüchternheit und Klarheit (und die Kunst des Kochens!) in immer weitere Bereiche der »profanen« Gesellschaft hineintragen. Der Weg des Zen steht jedem offen, sei er nun ein Laie oder ein Priester, ein Mann oder eine Frau – vorausgesetzt, der Betreffende verspürt den Wunsch, diesen Weg einzuschlagen.

In Anlehnung an seine Lehrer Yamada und Yasutani Roshi und den am Anfang unseres Jahrhunderts wirkenden Harada Daiun Roshi vertritt Aitken Roshi die Grundsätze der Sanbō-Kyōdan-Linie oder den Standpunkt des »Ordens der Drei Kostbarkeiten«. Dabei handelt es sich um eine relativ junge Richtung des Zen, die aus der Soto-Schule hervorgegangen ist, jedoch wesentliche Elemente der Rinzai-Trainingsmethode in sich aufgenommen hat. Aitken Roshi vertritt indessen nicht die Ansicht, wir sollten traditionelle Bräuche und Zeremonien abschaffen, etwa die kleinen Eigenarten der verschiedenen Schulen. Die Fülle solcher Gewohnheiten dient dazu, den Geist der Hingabe zu stärken, und dieser Geist ist die unerläßliche Voraussetzung jeglicher Zen-Praxis. Anhänger des Rinzai wie der Soto-Schule sind gleichermaßen beglückt über die Wiederentdeckung der feinsinnigen Tiefgründigkeit, wie sie für die Anschauung des großen Meisters Dōgen charakteristisch ist.

In diesem Buch kommen aber auch zahlreiche zunächst verwirrend und widersprüchlich erscheinende Begriffspaare zur Sprache. So erfahren etwa die beiden Fragen, ob es besser sei, die Einsamkeit zu suchen oder das Leben unter Menschen, ob es vorrangig sei, sich der eigenen oder der Rettung der Welt zu verschreiben, bereits teilweise eine Lösung durch die für den Buddhisten charakteristische Lebenspraxis, fast immer gemeinsam mit anderen Menschen zu arbeiten. Die Erfahrungen eines einsam Meditierenden können nicht reifen, sofern er nicht wenigstens gelegentlich zusammen mit einer Gruppe von Kameraden *sitzt*, kocht, sich um die Kinder kümmert und Holz hackt, und zwar in einer Gemeinschaft, die den Frauen völlige Gleichberechtigung zuerkennt und gleiche Verantwortung abverlangt. Die innere Ausrichtung auf die Sangha-Gemeinschaft ist von jeher ein elementarer Bestandteil aller Richtungen des Buddhismus gewesen. Diese Praxis stellt daher für den egozentrischen Individualismus der westlich-kapitalistischen Zivilisation eine Herausforderung dar.

Robert Aitken ist bereits seit langem für sein unbeirrtes Eintreten gegen Militarismus und Krieg bekannt. Wir können vor den immensen sozialen und Umweltproblemen, mit denen wir uns auf diesem Planeten konfrontiert sehen, nicht länger die Augen verschließen. Die behutsame Auseinandersetzung mit den Zehn Geboten der sittlichen Zucht, zu der Robert Aitken uns ermutigt, führt uns genau dorthin, wo unsere eigene und die Wandlung der Welt beginnt. So gestattet es uns diese Perspektive, ohne den Rückgriff auf Schuldzuweisungen und lähmende Selbstvorwürfe einen Prozeß ingang zu setzen, an dessen Ende sowohl unsere individuelle Wandlung als auch eine neue gesellschaftliche Lebenspraxis stehen könnten.

Einem alten, handgearbeiteten Kanu oder einem elastischen Bogen vergleichbar, ist auch dieser Leitfaden mit großem Geschick und äußerster Sorgfalt erstellt. Das Material, aus dem der Autor sein Werk gefertigt hat, ist leicht erreichbar und so flexibel und anpassungsfähig, daß es seinem Zweck in einzigartiger Weise gerecht wird.

Vor mehr als dreißig Jahren arbeitete ich einmal in einem Holzfällercamp in Ost-Oregon. Damals bestellte ich in einem auf fernöstliche Literatur spezialisierten Buchladen in Pasadena ein Buch über Zen. Der Mann, mit dem ich dabei zu tun hatte, war Bob Aitken. Nachdem wir auf diese Weise in Kontakt gekommen waren, korrespondierten wir jahrelang miteinander – sowohl in Japan als auch später wieder in den USA.

Roberts Briefen vor allem verdanke ich die Erkenntnis, daß ich noch erheblich an meinem widerspenstigen und bohemienhaft verblasenen Radikalismus würde arbeiten müssen, falls ich so etwas wie echtes Mitgefühl entwickeln wollte. Mitte der siebziger Jahre schließlich begegnete ich Aitken Roshi erstmals persönlich. Die Konsequenz dieser Begegnung waren für mich weitere Lehrjahre.

Nanao Sakaki sagt in einem Gedicht:

Wie die Alten die Erde bebaun,
Mit dem Koyoten singen,
Singend dem nuklearen Weltenbrand entgegentreten,
Solang ich dies kann, werd' ich des Lebens
niemals müde sein.

Und das gilt für uns alle: In diesem Zeitalter der möglichen Vernichtung der Welt ist es unser gemeinsames geistiges Abenteuer, unsere Last und unsere Freude, ehrlichen Herzens den *Weg* zu beschreiten. Robert Aitken stellt diesen gewaltigen Felsbrocken vor uns hin, diesen »mit Regen prall angefüllten« Stein, der uns ein Wegzeichen sein kann.

Gary Snyder

VORBEMERKUNG

Mit diesem Werk möchte ich ein Handbuch vorlegen, das der Leser während der ersten Wochen seiner Zen-Schulung Kapitel für Kapitel als Leitfaden verwenden kann. Ich hoffe jedoch, daß es auch dem Fortgeschrittenen von Nutzen sein wird.

In Japan hat die Einführung des »Novizen« in die Grundfragen des Zen keine Tradition. Als ich im Engaku-Kloster in Kitakamakura erstmals an einer Zen-Sitzung teilnahm, erklärte man mir nur etwa fünf Minuten lang, wie ich sitzen und meine Atemzüge zählen müsse, bevor ich in die Meditationshalle geführt wurde und meinen Platz zugewiesen erhielt. Von dem Zeitpunkt an war es ausschließlich mir selbst überlassen, die anderen zu beobachten und durch die Praxis zu lernen. Viele Zen-Anhänger können von ähnlichen Erfahrungen berichten.

Erst Harada Daiun *Roshi*, ein höchst aufgeschlossener Lehrer, begann Anfang dieses Jahrhunderts damit, in seinem Kloster Mönche, Nonnen und Laienschüler systematisch in die Praxis des Zen einzuführen. Und auch seine Nachfolger haben den Eindruck gewonnen, daß »Novizen«, die am Anfang in dieser Weise unterwiesen werden, sich während der ersten Monate und sogar Jahre ihrer Praxis viele nutzlose Mühen ersparen können.

Auch Yasutani Hakuun Roshi, der Nachfolger Harada Roshis, hat zahlreiche derartige Einführungsgespräche geführt, die uns unter dem Titel *Die Drei Pfeiler des Zen*[1] in Philip Kapleaus Übersetzung vorliegen. Yamada Kōun Roshi, der Nachfolger Yasutani Roshis und drittes geistiges Oberhaupt dieser unabhängigen Richtung des Zen, hat wiederum mich als mein persönlicher Meister unmittelbar inspiriert.

In seinen Einführungsgesprächen hat Harada Roshi immer wieder nachdrücklich auf die Bedeutung des Zuhörens hingewiesen. Solange wir als Mitglieder eines Auditoriums zuhören, besteht immer die Gefahr, daß wir nur passiv zuhören, etwa so, als trage der zu uns Sprechende eine beliebige Meinung vor, die uns nur zufällig betrifft. Diese Einstellung verhindert jedoch den Akt des reinen Zuhörens. Es kommt deshalb darauf an, so zuzuhören, als seien die Worte des Sprechenden ausschließlich an unsere Person gerichtet.

Das gleiche gilt für das Lesen. Die Worte dieses Textes sind die Worte des Lesers. Sofern wir als Leser eines Buches unsere volle Aufmerksamkeit auf die vor uns ausgebreiteten Worte richten, treten wir in einen natürlichen Prozeß der Zustimmung und der Ablehnung ein, ohne deshalb zu einem begrifflich fixierten Urteil zu gelangen.

Ich habe diese Gespräche erstmals 1972 zusammengefaßt, und seit jener Zeit bilden diese Texte in unseren Diamant-Sangha-Gemeinschaften die Grundlage der Einführungsprogramme. Während all der Jahre haben die an diesen Programmen mitwirkenden Lehrer und Schüler zahlreiche Änderungsvorschläge eingebracht, und so wurde das Buch mehrmals völlig umgeschrieben. Ich bin deshalb im Grunde genommen nur mehr nominell der Verfasser des Werkes. Auf der Titelseite sollten eigentlich viel mehr Namen verzeichnet sein, insbesondere John Tarrant, aber auch Anne Aitken, Stephen Mitchell, P. Nelson Foster, Gary Snyder und Yamada Roshi selbst.

Andrew Thomas danke ich für die Zeichnungen der *Zazen*- und der Streckpositionen, Francis Haar für die photographischen Arbeiten, die zur Erstellung der Graphiken notwendig waren. Giza Juho Braun, Myphon Shoen Hunt und Joseph B. Liggett möchte ich für das Tippen des Manuskriptes meinen Dank aussprechen und Jutta Hahne, Linda Engleberg, Michelle Hill und Joseph B. Liggett für die Erledigung sonstiger wichtiger Arbeiten.

Meinen Dank auch an Gary Snyder für sein treffendes Vorwort und an Wendell Berry, die mich auf solche Passagen des Manuskriptes hingewiesen hat, die einem mit der östlichen Religion nicht vertrauten Leser Schwierigkeiten hätten bereiten können. Auch möchte ich Wendell dafür danken, daß sie sich nicht gescheut hat, einige meiner aufgeblasenen Phrasen mit der »Stecknadel« der Kritik anzustechen und so auf Normalmaß schrumpfen zu lassen.

Zum Schluß noch eine Bemerkung zur Transkription nichteuropäischer Termini: Die entsprechenden Namen oder Begriffe sind bei ihrem ersten Auftauchen kursiv gesetzt, ebenso in den Anhängen, ansonsten jedoch nicht. Im Sankrit wird *s* wie »sch« ausgesprochen. Einige Sankrit-Wörter sind so lang, daß nur ein Spezialist sie korrekt lesen kann. Ich habe sie deshalb in ihre Bestandteile aufgespalten, wenngleich das nicht völlig korrekt sein mag.

Die Praxis des Zen

DIES IST DER MIT REGEN ANGEFÜLLTE FELS,
DER UNS DEN WEG WEIST!

Santōka
übers. von R. H. Blyth
A History of Haiku

I GRUNDLAGEN

> Ich möchte euch dies eine vor Augen führen:
> Schwerwiegend ist die Frage nach Leben–und–Tod.
> Die vergänglichen Dinge schwinden rasch dahin; seid daher stets wachsam,
> niemals nachlässig und niemals schwach.[2]

Diese Worte werden in allen Zen-Klöstern am Abend, kurz bevor das Licht ausgeht, von einem älteren Mitglied des Konvents gesprochen. In ihnen finden die drei Hauptanliegen des Zen-Schülers ihren prägnanten Ausdruck: erstens die Schärfung des Bewußtseins dafür, daß »leben« eine große Verantwortung einschließt; zweitens das klare Bewußtsein, daß uns nur wenig Zeit bleibt, diese Verantwortung in die Tat umzusetzen; und drittens die Gewißheit, daß uns dies nur gelingen kann, wenn wir uns bedingungslos der Praxis des Zen hingeben.

Unser Vorbild ist dabei Shakyamuni Buddha. Er ist als Begründer des Buddhismus bekannt und lebte vor etwa 2500 Jahren in Indien – Religion ist jedoch im Grunde genommen keine Frage der Historie. Ich erinnere mich gut an ein Seminar über Buddhismus, das Dr. D. T. Suzuki vor vielen Jahren einmal an der Universität von Hawaii gehalten hat. Er eröffnete das Seminar damit, daß er uns die Geschichte Shakyamunis erzählte. Er erzählte diese Geschichte jedoch nicht im Sinne eines historischen Geschehens oder einer Biographie, sondern als *unser aller* Geschichte – als deine und meine Geschichte.

Der Buddha wurde als Prinz geboren, und es wurde ihm geweissagt, er werde entweder zu einem großen Religionsstifter oder zu einem mächtigen Kaiser heranwachsen. Sein Vater, der König, wünschte sich natürlich, sein Sohn werde einmal ein großer Kaiser sein, und so ließ er ihn in der Kriegs- und Staatskunst unterrichten. Er sorgte auch für die Annehmlichkeiten und Ablenkungen, wie sie für einen jungen Prinzen standesgemäß sind – nämlich gutes Essen, schöne Kleider und was sonst noch dazugehört.

Und das ist unser aller Geschichte. In unserer Kindheit sind wir alle kleine Prinzen und Prinzessinnen. Wir sind – jeder für sich – das Zentrum des Universums. Tatsächlich ist unser Mund dieses Zentrum – und in diesen Mund stopfen wir alles hinein. Dann wird von unseren Eltern allmählich ein Gefühl für Verantwortung in uns geweckt, aber trotz dieser Konditionierung ist jeder von uns am Ende ein Mensch, der sich auf die ihm eigentümliche Art und Weise auf die Suche begibt.

Die auf Macht und Genuß ausgerichtete Programmierung des Buddha langweilte ihn bereits, bevor er dreißig war. Der Legende zufolge wurde er – obwohl sein Vater alles tat, um ihm die Realität des Leidens vorzuenthalten – Zeuge der bedrükkenden Auswirkungen von Krankheit, Alter und Tod. Einmal erblickte er im Labyrinth des Palastes einen Mönch und erkundigte sich nach diesem. Tief beeindruckt dachte er über den Zweck seines Lebens in dieser Welt nach. Schließlich ließ er seine kleine Familie in der Obhut seines Vaters zurück, um sich in den Wäldern über seine geistige Bestimmung Klarheit zu verschaffen.

Die Schwierigkeit eines solchen Entschlusses kann man sich leicht vorstellen. Alles, was einem Menschen teuer sein kann, eine schöne Ehefrau, ein kleines Kind, die Laufbahn eines wohltätigen Herrschers – dies alles gab er auf, um sich auf eine möglicherweise völlig sinnlose Suche zu begeben. Sein Entschluß wurzelte in einem tiefen Wohlwollen für alle Wesen. Deshalb fragte er sich, weshalb das Leiden in die Welt gekommen sei und warum die Gebrechlichkeit des Alters. Und weiter überlegte er, wie es möglich sei, derartige Zweifel durch ein mönchisches Leben zu überwinden. Solche Fragen beunruhigten den jungen Gautama. Er verstand nun allmählich, daß seine Herrschaft anderen nur dann Erfüllung gewähren könne, wenn es ihm gelinge, sich zuvor von seinen Zweifeln zu befreien.

Auch wir werden unserer kindischen Suche nach immer neuem Genuß irgendwann einmal überdrüssig, und auch wir haben das dumpfe Gefühl, daß in all unserem hektischen Hin und Her etwas verborgen ist, was wir nicht richtig verstehen. Unser Egoismus genügt uns plötzlich nicht mehr – vielleicht, wenn wir uns in Liebe mit einem anderen Menschen verbinden? Aber trotzdem fallen mir nur sehr wenige Menschen ein, deren ganzes Leben ohne Einschränkung in einer Liebesbeziehung aufgeht, und viele von uns setzen auch in einer solchen Gemeinschaft die Suche nach der Wahrheit, die allen Dingen zugrunde liegt, fort.

Von seinem inneren Drang nach Erkenntnis getrieben, wurde der Buddha Mönch; er ließ sich in die Philosophie einführen und lernte die zur Erlangung der sogenannten höheren Bewußtseinszustände erforderlichen Techniken kennen. Außerdem begab er sich zu den führenden Yogalehrern seiner Zeit in die Lehre, aber all dies befriedigte ihn nicht. Wenngleich er nun imstande war, seinen Geist zu kontrollieren, und obwohl er jetzt die abstrusesten und subtilsten philosophischen Formulierungen der zeitgenössischen Philosophie in allen ihren Implikationen durchschaute, die Frage nach dem Ursprung des Leidens konnte er noch immer nicht beantworten.

In der Umgebung, in der wir Menschen des zwanzigsten Jahrhunderts leben, ist die Religion weniger weltabgewandt als in früheren Zeiten. Wir brauchen unsere Familie nicht zu verlassen, um uns auf die Suche nach guten Lehrern zu begeben, und wir sind auch nicht gezwungen, Mönch oder Nonne zu werden, um etwas über den tieferen Sinn des Lebens zu erfahren. Genau wie der Buddha jedoch können wir uns unbeirrbar auf die Suche nach jener Wahrheit machen, von der wir eine unbestimmte Vorstellung schon immer mit uns herumtragen. »Wenn nicht hier, dann anderswo und anderswie.«

Nach der Philosophie und den mystischen Studien wandte sich der Buddha der Askese zu. Er verweigerte sich jegliche Nahrung, verzichtete auf Schlaf, ein Dach über dem Kopf und sogar auf wärmende Kleidung. Während der nun folgenden Periode kämpfte er mit seinen Leidenschaften und mit seiner Weltverhaftetheit. Aber auch dieser Weg erwies sich als Sackgasse. Denn trotz all seiner Selbstverleugnung fand er keinen wahren Frieden.

Nakagawa Sōen Roshi sagte einmal zu mir: »Zen ist nicht mit Askese gleichzusetzen.« Er sagte das, um mich von der Verpflichtung zu entbinden, gleich ihm im Februar vor der Küste Japans im offenen Meer schwimmen zu gehen. Aber Zen ist auch nicht mit einer laxen Lebensweise gleichzusetzen. Die Lebensweise des Zen verlangt Selbstdisziplin und gestattet es dem Betreffenden nicht, sich nach Lust und Laune gehenzulassen. Es ist deshalb unsere Aufgabe, den mittleren Weg zu finden. Genau wie der Buddha machen auch wir die Erfahrung, daß ausgedehntes Fasten und andere Arten übertriebener Selbstverleugnung nur den Körper und den Geist schwächen und die Praxis des Zen erschweren. Und wie *Ts'ai Ken T'an* gesagt hat: »In keimfrei reinem Wasser können Fische nicht leben.«[3]

So wandte sich der Buddha wiederum der Meditation zu, in deren Techniken ihn seine Lehrer zweifellos unterwiesen hatten. Er setzte sich unter einen Bodhi-Baum – entschlossen, sich nicht wieder zu erheben, bevor nicht all seine Zweifel beseitigt wären. Eines Tages blickte er früh am Morgen zufällig auf und sah den Morgenstern. Er jubelte: »Oh, wie schön! Wie wundervoll! Nun erst erkenne ich, daß alle Wesen im Universum *Tathāgata* sind! Nur ihre Selbsttäuschung und ihr Haften an den Dingen ist es, was sie diesen Umstand übersehen läßt.«[4]

Tathāgata ist nur ein anderer Name für Buddha. Das Wort bedeutet wörtlich »so kommen« oder genauer »einer, der so kommt« und bezeichnet die reine Erscheinung, das absolute »Hervortreten« als lebendige Tatsache. Alle Wesen sind Buddha. Alle Wesen sind – in ihrem Sosein – identisch mit der Wahrheit. Ein großer Lehrer der T'ang-Periode bediente sich der Wendung »Eben dies!«, um das Herz der tiefsten Erfahrung anzusprechen.[5]

Diese tiefste Erfahrung ist dem zufälligen Betrachter indessen verschlossen. Selbsttäuschung und Sinnenverhaftetheit, deren Basis die Selbstbezogenheit und das begriffliche Denken sind, verdunkeln das lebendige Faktum. Der Weg des Zen verfolgt nur ein Interesse: Er dient dazu, solche Hindernisse beiseite zu räumen und den Blick auf das wahre Wesen der Dinge zu ermöglichen.

Dieser Weg steht jedem Menschen offen – der mittlere Weg des Zazen beziehungsweise der *sitzenden* Meditation. Dieser mittlere Weg verläuft nicht irgendwo in der Mitte zwischen den Extremen, sondern er ist ein völlig neuartiger Weg. Er leugnet nicht die Berechtigung des Denkens, und er leugnet nicht die Bedeutung der Selbstkontrolle, aber Denken und Disziplin sind nicht seine eigentlichen Anliegen.

Dr. Suzuki pflegte zu sagen, Zen sei noetisch, womit er nach meinem Verständnis ausdrücken wollte, daß Zen im Geist seinen Ursprung hat. Zen ist nicht ein Produkt des Intellekts, sondern er ist Erkenntnis, er ist die reinste Wahrnehmung des »Eben dies!« Zen impliziert allerdings auch die Anwendung derartiger Erkenntnis in unserem täglichen Familien-, Arbeits- und Gemeinschaftsleben.

Das exemplarische Leben

Sobald wir uns ernsthaft mit dem Zen-Buddhismus auseinandersetzen, begreifen wir, daß das Leben des Buddha nichts anderes ist als unser eigenes Leben. Nicht nur Shakyamunis Leben, sondern die Leben aller Meister, die in seiner Nachfolge gewirkt haben, sind unsere Leben. Wie Wu-men Hui-k'ai es ausgedrückt hat: »In der wahren Praxis des Zen sind sogar noch unsere Augenbrauen mit den Augenbrauen der alten Meister verwoben, und wir sehen mit ihren Augen und hören mit ihren Ohren«[6]. Das liegt jedoch nicht daran, daß wir sie etwa kopieren würden oder uns verändern, um ihnen ähnlich zu sein. Ich möchte Wu-mens Worte dahingehend interpretieren, daß wir, indem wir unseres wahren Wesens inne werden, des wahren Wesens aller Dinge inne werden; und ebendies haben die alten Meister in Wort und Tat so klar zum Ausdruck gebracht. Aber die authentische Erfahrung der Identität aller Dinge hat zugleich einen unaussprechlich intimen Charakter. Und nicht nur zwischen uns und den alten Meistern besteht eine völlige Nähe. Die chinesische Amsel singt in meinem Herzen, und graue Wolken türmen sich am leeren Himmel meines Geistes auf. Alle Dinge sind mir Lehrer.

Auf dem Pfad des Zen suchen wir die Erfahrungen des Shakyamuni als unsere eigenen zu begreifen. Dennoch schulden wir nicht ihm eine spezifische Anhänglichkeit, sondern uns selbst und der Welt, in der wir leben. Falls man den Beweis dafür erbringen könnte, daß Shakyamuni niemals wirklich gelebt hat, so würde der Mythos seines Lebens uns noch immer eine gültige Orientierung bieten. So ist wahrscheinlich an dieser Stelle der Hinweis angebracht, daß wir Anhänger des Zen uns in gleicher Weise von Mythen und religiösen Archetypen leiten lassen wie jeder andere religiöse Mensch auch. Der Mythos des Buddha ist zugleich auch mein eigener Mythos.

Es ist deshalb wichtig, gleich zu Beginn der Zen-Praxis anzuerkennen, daß es sich dabei um einen zutiefst persönlichen Weg handelt. Es hat keinen Sinn, diesen Weg aus der Distanz zu betrachten, so als handle es sich um die Erfahrung eines anderen. Jeder von uns muß ihn für sich alleine gehen. In diesem Geiste bringen wir uns selbst in die Praxis des Zen ein, voll Vertrauen auf unser geistig-religiöses Erbe, und verschreiben uns ernsthaft, Seite an Seite mit unseren Brüdern und Schwestern, diesem Weg. Und genau dieses Engagement erweckt uns zum Frieden und zur Erkenntnis.

Konzentration

Der erste Schritt auf diesem Weg der persönlichen Hingabe ist die Konzentration. Üblicherweise stellen wir uns unter Konzentration die Fokussierung unserer gesamten Bewußtseinsenergien auf einen bestimmten Gegenstand vor. Diese Vorstellung ist zwar nicht falsch, sie läßt jedoch etwas außer acht. Selbst in unseren Alltagserfahrungen transzendieren wir den Zustand der Konzentration. Was geschieht etwa, wenn wir uns einem Eignungstest für den öffentlichen Dienst unterziehen? Wir sind gut vorbereitet, wir nehmen Platz und beginnen zu schreiben. Obwohl unser Sitznachbar unruhig wird oder obwohl es draußen zu regnen anfängt, schweift unsere Aufmerksamkeit nicht ab. Bevor wir es recht wahrgenommen haben, sind wir bereits fertig. Dabei ist ein relativ langer Zeitraum verstrichen. Nun stellen wir plötzlich fest, daß unser Rücken steif und unsere Füße eingeschlafen sind. Wir fühlen uns müde und verspüren den Wunsch, nach Hause zu gehen und uns auszuruhen. Aber während der Prüfung haben uns unsere Rückenschmerzen und unsere Müdigkeit nicht im geringsten abgelenkt. Wir waren ganz von unserem Tun gefangengenommen. Wir wurden schlechterdings zu einem, der sich einer Prüfung unterzieht. Wir haben uns angesichts der uns gestellten Aufgabe selbst völlig vergessen.

Wenn wir an einem Motor herumbasteln, wenn wir uns mit einem Kind befassen oder wenn wir einen Film anschauen, bei all diesen Tätigkeiten transzendieren wir bisweilen den Zustand der Konzentration. Unser Bewußtsein ausschließlich auf einen bestimmten Gegenstand zu richten beinhaltet zweierlei: uns selbst und den betreffenden Gegenstand. Aber unsere Alltagserfahrung zeigt uns, daß, sofern wir wirklich von unserer Tätigkeit gefangengenommen sind, die beiden Pole verschwinden und daß »nicht einmal eines« übrigbleibt, wie Yamada Roshi gerne sagt.

Die Annahme des Selbst

Die uns geläufige Erfahrung, daß wir unser Selbst vergessen, wenn wir beispielsweise einen Wasserhahn reparieren, läßt sich durchaus als ein Modell dessen auffassen, was wir Zazen nennen – die Meditationspraxis des Zenschülers. Bevor wir jedoch auch nur den geringsten Grad der Selbstvergessenheit erreichen können, ist ein gewisses Maß an Vertrauen notwendig. So könnte etwa ein Kunstspringer, der bei jedem Sprung vom Zehnmeterturm alles Störende von sich abstreift, seinen Sport gar nicht ausüben, hätte er nicht ein bestimmtes Vertrauen entwickelt, ein Vertrauen, das parallel zu dem Grad seiner Könnerschaft wächst. Dieses »Loslassen« läßt sich allerdings nicht willkürlich erzwingen. Der Kunstspringer ist eins geworden mit der Praxis seiner sportlichen Aktivität – er ist frei und zugleich einem hohen Maß an Disziplin unterworfen.

Aber selbst Kunstspringer der höchsten Kategorie treten noch nicht in Kontakt mit ihren tiefsten Möglichkeiten, solange sie nur immer wieder üben, vom Zehnmeterturm aus möglichst elegant ins Wasser zu springen. Ein angemesseneres Modell haben wir in einem der Archetypen des Zazen, und zwar in der Figur des Mañjushrī, die auf dem Altar des *Zendō* (das heißt der Meditationshalle) den zentralen Platz einnimmt. Mañjushrī hält eine Schriftrolle in der Hand, ein Symbol der

Weisheit, und ein Schwert, mit dem er unsere begrifflichen Fixierungen zertrümmert. Er sitzt auf einem ruhenden Löwen, und sowohl Mañjushrī als auch der Löwe wirken sehr entspannt. Die Kraft des Löwen ist indessen nicht verschwunden, und die Stimme, mit der Mañjushrī spricht, ist die Stimme des Löwen. Vollkommen frei und zugleich vollkommen kontrolliert! Der Zen-Novize muß sich zunächst mit dem Löwen befreunden und diesen zähmen, bevor er den Löwensitz einnehmen kann. Dazu sind Zeit und Geduld vonnöten.

Am Anfang scheint diese innere »Kreatur« eher ein Affe als ein Löwe zu sein; gierig ergreift sie die buntschillernden Objekte der Außen- und Innenwelt und springt von einem Ding zum andern. Viele Menschen tadeln sich selbst, ja verachten sich wegen ihres sprunghaften Verhaltens. Aber wenn wir uns selbst ablehnen, so lehnen wir auch das Agens jeglicher Erkenntnis ab. Deshalb müssen wir mit uns selbst Freundschaft schließen. Freuen wir uns daher, und versöhnen wir uns mit uns selbst. Lächeln wir uns selbst zu. Dann können wir Vertrauen zu uns entwickeln.

Damit hier kein Mißverständnis aufkommt: Ich möchte hier nicht den Weg des Stolzes und der Selbstbezogenheit propagieren. Vielmehr verweise ich auf Bashos Weg, der sich selbst und seine Freunde ohne jegliche Überheblichkeit liebte:

> Hier in unserem Mondbegaffer-Club
> ist ein schön' Gesicht nicht anzutreffen.

Ich habe diese Zeilen bereits an anderer Stelle kommentiert. Dort sagte ich: »Was für einfältige Idioten wir doch sind, die wir hier im Mondlicht sitzen«[7]. Diese Form einer humorvoll-selbstironischen Freude an sich selbst ist das wahre Fundament jeglicher Verantwortung, der Fähigkeit nämlich, zu *antworten*. Wenn wir einen Fehler machen, so können wir uns anschließend entweder selbst bestrafen oder nur lächelnd den Kopf schütteln und aus unserem Fehlverhalten lernen. Falls wir uns jedoch selbst verdammen, so erzielen wir im Grunde genommen nur ein Ergebnis: Wir vergeuden unsere Zeit und entfernen uns nur wieder von der Praxis des Zen. Beschließen wir hingegen, unseren Irrtum einfach abzuhaken und es beim nächsten Mal besser zu machen, dann stellen wir unsere Bereitschaft unter Beweis, in diese Praxis tatsächlich »einzutauchen«.

Hätte Shakyamuni Buddha sich unentwegt nur mit seinen eigenen Unzulänglichkeiten befaßt statt mit der Frage nach dem Ursprung des Leidens in dieser Welt, so hätte er niemals erkannt, daß alles bereits seit Anbeginn in bester Ordnung ist. Zazen ist nicht die Praxis der Neukonditionierung des eigenen Selbst, einem Seminar vergleichbar, in dem man lernt, Freunde zu gewinnen oder andere Menschen zu beeinflussen. Ernsthaftes Zazen bewirkt zwar eine Veränderung des Charakters, allerdings nicht im Sinne einer Ich-Anpassung. Vielmehr bedeutet es, das eigene Selbst zu vergessen.

Yamada Roshi hat erklärt: »Zen zu praktizieren heißt, im Akt der Vereinigung mit etwas das eigene Selbst zu vergessen.« Das bedeutet jedoch nicht, daß wir versuchen sollten, unser Selbst loszuwerden. Das ist nicht möglich, es sei denn durch Selbstmord, und Selbstmord ist das bedauerlichste Schicksal überhaupt, denn jeder von uns – wie überhaupt alle Wesen im Universum – ist einmalig, und in unserer individuellen Gestalt kommt der Tathāgata als unser Wesen zum Vorschein.

Das eigene Selbst zu vergessen heißt, die eigene Einmaligkeit zum Ausdruck zu bringen. Man muß nur einmal beobachten, wie sehr er selbst der Pantomime Marcel Marceau wird, wenn er sich selbst in seiner Arbeit vergißt. Und das ist *seine* Arbeit. Wir alle sind besonders dann wir selbst, wenn wir uns beim Wechsel eines Autoreifens oder bei einer sonstigen Tätigkeit selbst vergessen. Diese Selbstvergessenheit bezeichnet den Akt des reinen Tuns, eines Tuns, dem nicht die geringste Spur eines Selbstbewußtseins anhaftet.

Den Atem zählen

Zazen ist nichts weiter als sein eigener Vollzug. Dennoch stellt selbst für den fortgeschrittenen Zen-Schüler die Arbeit auf dem Meditationskissen einen Prozeß ständiger Verfeinerung dar. Es ist etwa so, wie wenn man lernt, Auto zu fahren. Zunächst ist die ganze Prozedur rein mechanisch und eher unangenehm. Man drückt ganz bewußt die Kupplung nieder, legt den ersten

Gang ein und nimmt dann allmählich die Kupplung weg, während man gleichzeitig Gas gibt. Dann bemüht man sich, innerhalb der Straßenmarkierungen zu bleiben und Zusammenstöße mit anderen Autos zu vermeiden. In diesem Stadium muß man sich so viele Dinge einprägen und so verschiedenes gleichzeitig machen, daß man zunächst Fehler begeht oder sogar einen Unfall verursacht. Sobald man jedoch eins wird mit dem Auto, wächst plötzlich das Selbstvertrauen, und man wird mit zunehmender Erfahrung ein immer besserer Fahrer.

Die erste Methode, die wir auf dem Weg des Zen erlernen, ist das Zählen des Atems, wie es auch für viele andere auf Erleuchtung zielende Schulen der religiösen Traditionen Asiens gilt. Wir hatten einmal in unserem Koko-An-Zendo in Honululu einen *theravāda-buddhistischen* Lehrer aus Sri Lanka zu Gast. Wir fragten ihn, nach welcher Methode er seine Schüler in der Meditation unterweise, und er führte uns die gleiche Technik des Atemzählens vor, die wir auch bei unseren japanischen Zen-Meistern kennengelernt hatten. Offenbar ist diese Technik sozusagen der natürliche erste Schritt. Unsere Atmung ist auf der einen Seite eine spontan arbeitende Funktion unseres Organismus, auf der anderen Seite können wir sie jedoch bis zu einem gewissen Grade kontrollieren. In den frühen Tagen der abendländischen Kultur galt der Atem sogar als die Seele des Menschen. Diese Bedeutung ist auch noch in solchen Redewendungen wie »den Odem des Lebens einhauchen« oder den »Atem aushauchen« spürbar. Auch das Wort »Inspiration« (lat. *inspirare* = einatmen) ist noch ein Nachklang dieser Auffassung.

Im folgenden Kapitel werde ich die Methode des Zen detailliert darlegen. Im Augenblick kann sich der Leser jedoch damit begnügen, die eigenen Atemzüge zu zählen. Dabei braucht man nichts weiter zu tun, als eins (Einatem), zwei (Ausatem), drei (Einatem), vier (Ausatem) etc. zu zählen, bis man bei zehn angelangt ist. Dann beginnt das Zählen des Atems wieder von vorn. Es empfiehlt sich jedoch nicht, über zehn hinauszuzählen, da man bei höheren Zahlen leicht den Faden verliert. Diese Übung dient nicht der Schulung des Denkvermögens; sie soll nur unsere Fähigkeit entfalten, etwas zu investieren.

Das Zählen ist die erste geistige Disziplin, die uns als Kind auferlegt wird. Es ist die leichteste aller formellen geistigen Anstrengungen; es ist daher fast so etwas wie unsere zweite Natur. Ich habe Menschen erlebt, die in ein fremdes Land ausgewandert sind und sich dort der von ihnen erwählten Kultur und Sprache vollkommen angepaßt haben, die aber dennoch, wenn sie Geld auf der Bank einzahlen, die ihnen aus der Kindheit vertrauten Zahlen verwenden: *un, deux, trois, quatre ..., ichi, ni, san, shi.*

Aber auch wenn das Zählen der Atemzüge die natürlichste Sache der Welt ist, so kann man dabei dennoch nicht träumen oder es einfach geschehen lassen. Sofern wir die Herausforderung unseres wildgewordenen Denkens tatsächlich annehmen wollen, müssen wir unsere ganze Aufmerksamkeit jeweils auf »eins«, auf »zwei« etc. richten. Sobald wir jedoch beim Zählen den Faden verlieren und uns dessen bewußt werden, ist es ratsam, wieder bei »eins« von vorne zu beginnen.

Viele Menschen sind in der Lage, die Sequenz von eins bis zehn zunächst einige Male erfolgreich zu durchlaufen, aber niemand, der nicht über die notwendige Übung verfügt, kann diesen Zustand längere Zeit aufrechterhalten. Und obwohl wir ohne geistige Disziplin nicht einmal unseren alltäglichen Aufgaben gewachsen sind, etwa der Abwicklung von Geschäften oder der Darbietung eines Lehrstoffes, verfügen nur wenige von uns über das Vermögen, ihre Aufmerksamkeit für längere Zeit ganz auf einen Gegenstand zu richten. Ich bin Menschen begegnet, die mir, nachdem sie sich fünfundzwanzig Minuten lang darum bemüht hatten, Zazen zu praktizieren, gestanden haben: »Wissen Sie, ich bin nicht einmal bis ›eins‹ gekommen.« Das Zählen der Atemzüge zeigt uns, daß, wie ein chinesisches Sprichwort sagt, unser Geist in der Tat einem wilden Pferd ähnlich ist.

Das Zählen des Atems ist jedoch nicht der Kindergarten des Zen. Für zahlreiche Schüler des Zen handelt es sich dabei vielmehr um eine Übung, die sie ihr Leben lang beibehalten. Aber selbst wenn wir uns dieser Übung nur einen Monat lang täglich für einige Minuten unterziehen, sind wir bereits imstande, uns besser auf unsere Arbeit oder Studien zu konzentrieren und uns auf Gespräche mit anderen Menschen, aber auch auf Phasen der Erholung ungehinderter einzulassen. Wir haben dann wenigstens im Ansatz gelernt, was wir tun müssen, um uns vor Zersplitterung zu bewahren; denn solange wir beständig an etwas anderes denken als an die Sache, mit der wir gerade beschäftigt sind, solange spalten wir uns von der Wirklichkeit ab und verschwenden nur unsere Energie.

II DIE METHODE

Der Zen-Buddhismus ist einer von vielen Wegen. Ich habe sagen hören, daß alle diese Wege zum gleichen Berggipfel hinaufführen. Daran hege ich meine Zweifel. Ich könnte mir vorstellen, daß ein Berg, vom Gipfel eines anderen Berges aus betrachtet, möglicherweise den Eindruck eines kleinen Hügels erweckt. Und mögen sich auch hundert Berge erheben, es bleibt doch unsere Aufgabe, den uns gemäßen Weg zu entdekken und den uns bestimmten Berg. Vielleicht verfügt der eine oder andere von uns über eine bestimmte Erfahrung, die ihm unmißverständlich die Richtung weist, vielleicht brauchen wir aber auch eine Phase der Orientierung. Schließlich aber ist jeder von uns gezwungen, einen bestimmten Weg einzuschlagen und sich für einen bestimmten Meister zu entscheiden.

Sobald wir jedoch einen bestimmten Weg einschlagen, gehen wir ein Risiko ein. Die völlig unkritische Unterwerfung unter eine bestimmte Lehre führt uns möglicherweise zu Anschauungen, die für unser geistiges Fortkommen ungesund sind. Wir müssen uns daher schon vergewissern, daß ein bestimmter Weg den Einsatz lohnt. Die Entscheidung »Dies ist (nicht) mein Weg« braucht Zeit. In keinem Zen-Zentrum, das diesen Namen verdient, wird der Neuling zu einer Entscheidung gedrängt: In einem echten *Dōjō* (einem Übungs-Zentrum) stößt man allenthalben auf Beweise für die Qualität des dort praktizierten Weges, und schon bald erreicht man den Punkt echten Vertrauens.

Zazen als Experiment

Den Mittelpunkt des Zen-Trainings bildet Zazen. Ohne Zazen gibt es kein Zen, keine Erkenntnis und keine Praxis des Zen. Es hat seinen Ursprung in den frühesten vedischen Zeiten und war vermutlich bereits zu Shakyamunis Lebzeiten wohlbekannt.

Seither hat man es mit Hilfe der Versuch–und–Irrtum-Methode in zahllosen Übungszentren während eines Zeitraums von mehr als neunzig Generationen immer mehr verfeinert. Und heute ist es in seiner Struktur einigermaßen festgegründet.

Aber der Geist ist unermeßlich und voll schöpferischer Kraft. Die im Dharma (der Lehre) festgehaltenen Worte der alten Meister erweisen sich häufig als hilfreich, aber den Weg selbst bahnt noch immer das Experiment.

Es geht uns um die Erkenntnis der wesenhaften Natur des Seins, und die Erfahrung hat gezeigt, daß Zazen ein praktizierbarer Weg ist, um sich an jenem Ort niederzulassen, wo eine solche Erkenntnis möglich ist. Und diese Methode wurde nicht eigens für Japaner, für Intellektuelle oder für irgendeine bestimmte Klasse oder Kategorie von Individuen entwickelt. Der Umstand, daß Zazen seinen Ursprung in Indien und China hat und durch Vermittlung Koreas und Japans zu uns gelangte, ist ziemlich nebensächlich. Als Nordamerikaner, Australier oder Europäer können wir uns die Methode durchaus aneignen.

Und dann ist da noch ein weiterer wichtiger Punkt. Zazen ist nicht nur irgendein Mittel – genausowenig wie essen, schlafen oder die Umarmung unserer Kinder bloße Mittel oder Techniken sind. Dogen Kigen Zenji sagt: »Zazen ist die Erleuchtung selbst«[8]. Diese unauflösliche Einheit von Zweck und Mittel, Wirkung und Ursache ist das *Tao* (der Weg) des Buddha und die Praxis der Erkenntnis.

Die Körperhaltung

Ich habe einmal gehört, wie jemand Sasaki Jōshū Roshi fragte: »Welche Elemente des Zen sollte man niemals außer acht lassen?« Er erwiderte: »Die Körperhaltung und die Atmung.« Meiner Ansicht nach genügt es einfach zu sagen: »Die Körperhaltung.«

Die Körperhaltung ist die Form des Zazen. Um Ermüdungserscheinungen zu vermeiden und dem Bewußtsein die Möglichkeit zu geben, wirklich zur Ruhe zu kommen, sollten unsere Beine, unsere Sitzhaltung und unsere Wirbelsäule den Körper stützen und tragen. Sofern die Muskeln und Sehnen des

Rücken- und Nackenbereiches verspannt sind, ist es unmöglich, für längere Zeit Zazen zu praktizieren.

Dabei können wir uns die Körperhaltung eines einjährigen Kindes zum Vorbild nehmen. Das Kind hat guten Bodenkontakt und sitzt völlig aufrecht, wobei sich seine Wirbelsäule in Höhe der Taille leicht vorwölbt; aufrecht sitzen heißt also nicht, die Wirbelsäule zu versteifen. Das Kind streckt den Bauch ein wenig heraus, während sein Gesäß betont nach hinten weist. In diesem Alter ist es im übrigen ganz unmöglich, mit absolut aufrechter Wirbelsäule dazusitzen, denn die entsprechenden Muskelpartien sind noch unentwickelt, sie sind noch zu schwach, um den Körper völlig aufrecht zu halten. In dieser Weise leicht nach vorne gewölbt, entfaltet die Wirbelsäule jedoch ihre größte Tragfähigkeit, und das Kind braucht auf seine aufrechte Haltung keinen Gedanken zu verschwenden.

Sobald wir also auf dem Meditationskissen oder – falls es uns unmöglich ist, die Beine zu kreuzen – auf einem Stuhl Platz nehmen, sollten wir wie ein kleines Kind unsere Wirbelsäule auf Höhe der Taille leicht vorwölben. Der Gürtel sollte gelöst sein, und unsere Bauchpartie sollte die Freiheit haben, sich natürlich nach vorne zu wölben, während wir das Gesäß leicht nach hinten strecken, um einen besseren Halt auf der Sitzfläche zu finden. Katsuki Sekida, der früher in unserem Diamant-Sangha als Meditationslehrer tätig war, verschickte einmal eine Reihe von Neujahrskarten mit der Grußformel: »Bauch vor – Gesäß zurück.« Und in dieser Haltung sollte man tatsächlich das Neue Jahr oder den neuen Tag begrüßen.

Nimmt erst einmal die Wirbelsäule die korrekte Haltung ein, dann folgt alles übrige ganz natürlich von allein. Dann sitzen wir mit erhobenem, vielleicht eine Spur nach vorne geneigtem Kopf da. Das Kinn ist leicht inwärts geneigt, die Ohren bilden eine Linie mit den Schultern, und die Schultern wiederum befinden sich auf einer Linie mit den Hüften.

Die Beine

Die Beine stellen häufig ein Problem dar. Nur wenige Menschen, selbst japanische Kinder, sind so biegsam, daß sie, ohne sich zuvor einem oft schmerzlichen Übungsprogramm unterzogen zu haben, mühelos den Lotussitz einnehmen könnten. Im allgemeinen bedürfen unsere Muskeln und Sehnen monatelanger Streckübungen, bevor wir uns in dieser Sitzhaltung wohlfühlen. Und dennoch, langfristig betrachtet, ist es wesentlich vorteilhafter, mit einem oder mit beiden Füßen im Schoß dazusitzen als in irgendeiner anderen Position. Denn diese Sitzhaltung verbindet uns in besonderer Weise mit dem Zazen und verschafft unseren Organen ein Höchstmaß an Wohlbefinden. Für Menschen indessen, die an den Folgen einer Verletzung oder an Arthritis leiden, bleibt bisweilen nur die Möglichkeit, auf einem Stuhl sitzend Zazen zu praktizieren.

Gewisse Streckübungen sind zur Vorbereitung auf den Lotussitz sehr hilfreich. Wir beginnen auf einem Kissen oder einer Matte sitzend:

1. Wir bringen die Fersen beider Füße in den Schritt und beugen uns dann mit durchgestrecktem Rücken soweit vor, daß wir – wenn möglich – mit dem Gesicht beinahe den Boden berühren. Dabei legen wir die Hände unmittelbar vor unserem Kopf auf den Boden. Bei dieser Übung sollten die Knie ebenfalls Bodenkontakt haben; falls dies nicht sogleich gelingt, lassen wir sie sich auf und nieder bewegen, wobei wir die Bänder strecken.

2. Wir führen bei voll ausgestreckten Beinen unsere Füße zusammen. Nun beugen wir uns nach vorne und suchen in Höhe der Füße mit den Händen Bodenkontakt; dabei bleiben Rücken und Beine gestreckt. Sofern möglich, berühren wir mit dem Gesicht unsere Knie.

3. Wir spreizen die Beine, soweit es uns möglich ist. Während wir den Rücken und die Beine gestreckt halten, beugen wir uns nun nach vorne, bis wir mit dem Gesicht den Boden berühren. Dann plazieren wir unsere Hände entweder ausgestreckt oder leicht angewinkelt oberhalb des Kopfes auf dem Boden.

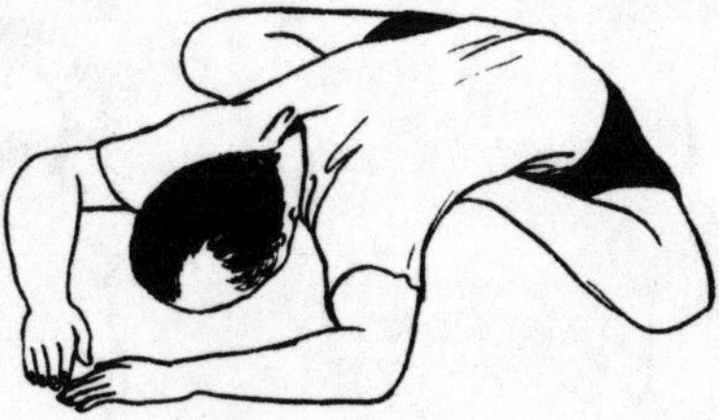

Makkōhō-Position 1

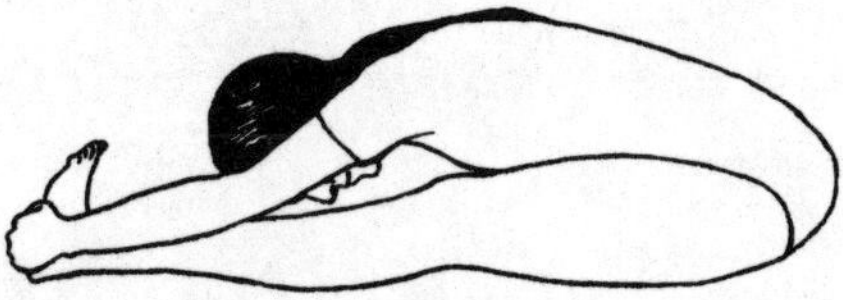

Makkōhō-Position 2

Makkōhō-Position 3

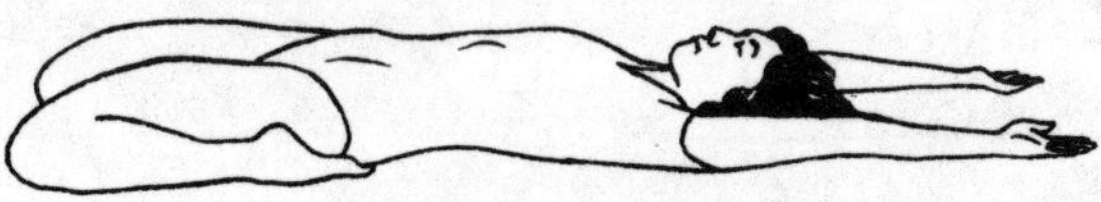

Makkōhō-Position 4

Voller Lotossitz

Halber Lotossitz

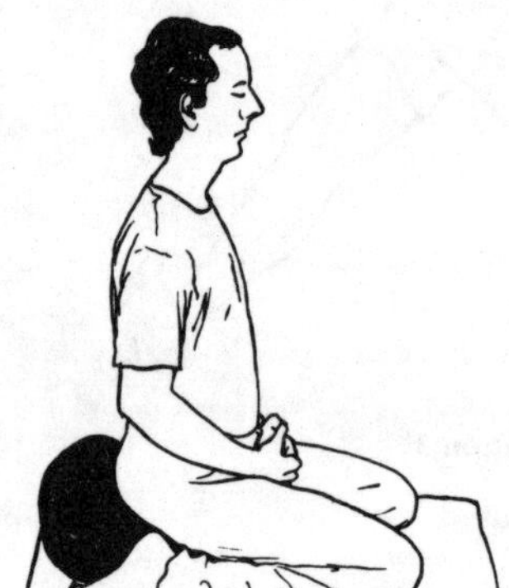

Seiza

Burmesische
Meditationshaltung

4. Wir winkeln zunächst ein Bein im Kniegelenk so an, daß der Fuß neben unserer Sitzfläche zu liegen kommt. Der Spann, das Schienbein und das Knie ruhen dabei auf der Sitzunterlage. Nun winkeln wir das andere Bein in gleicher Weise an. Dann stützen wir uns nach rückwärts auf einem Ellbogen ab und nehmen anschließend den zweiten Ellbogen hinzu; schließlich nehmen wir eine flache Rückenlage ein. Es ist durchaus möglich, daß der Übende zunächst ein Sofakissen unter seinen Rücken legen muß, so daß er nicht völlig flach auf dem Rücken liegt, vielleicht ist er bei dieser Übung anfangs sogar auf fremde Hilfe angewiesen. Sobald er jedoch gelernt hat, in dieser Position völlig flach auf dem Rücken zu liegen, bringt er Hände und Arme soweit nach hinten, daß diese oberhalb des Kopfes den Boden berühren; danach führt er sie wieder in ihre Ausgangslage zu beiden Seiten des Körpers zurück.

Yasutani Roshi hat diese Übungen bis weit in seine achtziger Lebensjahre hinein jeden Morgen vor dem Frühstück ausgeführt. Ein Ungeübter braucht jedoch möglicherweise einige Zeit, bevor sein Körper auch nur so geschmeidig ist, daß er diese Übungen wenigstens teilweise ausführen kann. Sofern man in seinem Bemühen jedoch nicht nachläßt, schafft man durch diese Übungen die besten körperlichen Voraussetzungen für ein störungsfreies Zazen.

Diese vier Übungen stehen im Mittelpunkt von *Makkōhō*, einer japanischen Methode der körperlichen Ertüchtigung. Der Übende sollte seinen Körper jedoch nicht über Gebühr strapazieren, da er sich andernfalls eine Muskelzerrung oder einen Bänderriß zuziehen könnte. Am äußersten Punkt der ihm jeweils möglichen Streckung angelangt, atmet er drei- oder viermal ein und aus und versucht, sich zu entspannen.[9]

Sitzkissen

Eine korrekte Zazen-Haltung erfordert die Verwendung von mindestens einem Kissen und einer Sitzunterlage. Die Sitzunterlage sollte mindestens sechzig Quadratzentimeter groß und mit Kapok oder Baumwollwatte so ausgestopft sein, daß sie etwa 3,5 bis vier Zentimeter dick ist. Das *Zafu* oder Sitzkissen vervollständigt die notwendigen Utensilien. Es ist kreisförmig und mit Kapok ausgestopft, hat einen Durchmesser von etwa dreißig Zentimetern und wird durch häufigen Gebrauch ein wenig flachgedrückt. Auch ein normales Kissen kann es ersetzen, ist aber weniger zweckdienlich. Gelegentlich wird die Sitzmatte auch mit Schaumgummi ausgestopft; solche Matten bilden indessen keine so gleichmäßige Unterlage. Als Füllung des Zafu ist Schaumgummi völlig ungeeignet.

Das Zafu dient zur Unterstützung des Gesäßes. So gestattet es dem Übenden, ohne Anstrengung eine korrekte Haltung einzunehmen. Ich habe Yogis gekannt, die im Kopfstand die volle Lotus-Position einnehmen konnten, aber nur wenige, die imstande waren, auch nur fünfundzwanzig Minuten lang ohne die Unterstützung eines Kissens zu meditieren.

Die angemessene Sitzhaltung

Wenn wir Zazen praktizieren möchten, legen wir das Zafu zunächst auf den – aus unserer Sicht beim Meditieren – rückwärtigen Teil der Unterlage. Nun setzen wir uns auf das Kissen und lassen unsere beiden seitlich angewinkelten Knie auf der Matte ruhen. Möchten wir den Lotussitz einnehmen, so legen wir unseren rechten Fuß, soweit oben wie möglich auf unseren linken Oberschenkel und unseren linken Fuß auf den rechten Oberschenkel. Um den halben Lotussitz einzunehmen, brauchen wir nur den linken Fuß auf den rechten Oberschenkel zu legen, während wir den rechten Fuß unter den linken Oberschenkel ziehen. Der volle Lotussitz ist die ausgewogenste Sitzhaltung. Aber auch der halbe Lotus ist akzeptabel. Zwar bewirkt er eine leichte Verzerrung des Körpers, die jedoch kaum der Rede wert ist. Es ist aber auch statthaft, den rechten Fuß auf den linken Oberschenkel zu legen, falls der Übende solchermaßen einer Rückgratverkrümmung entgegenwirken oder sich während Sesshin Erleichterung verschaffen möchte.

Es gibt noch zwei andere Möglichkeiten: Die eine ist der burmesische Stil. Dabei legt der Übende ein Bein vor das andere, so daß die Knöchel beider Füße auf der Sitzmatte ruhen. Diese Haltung ist nicht ganz so stabil wie der halbe Lotus, aber sie ist weniger belastend für die Knie. Sobald man sich daran gewöhnt hat, kann man auch allmählich dazu übergehen, zunächst nur für kürzere und dann für längere Intervalle die halbe Lotusposition einzunehmen.

Die andere Möglichkeit ist die *Seiza*-Position, die etwa einer knienden Haltung entspricht, nur daß der Übende sein Gesäß dabei rückwärts nach unten sinken läßt, während er auf einem Zafu sitzt. Einige Leute stellen das Zafu senkrecht auf, bevor sie sich darauf niederlassen. Diese Haltung ist bequemer und gestattet es, die Beine enger zusammenzuhalten. Das Gewicht des Übenden ruht dabei auf dem Sitzkissen, auf den Knien, Schienbeinen und den Knöcheln. Genau wie die burmesische Position ist auch die Seiza-Haltung weniger stabil als der Lotus, sie ist jedoch sehr zweckdienlich, wenn man sie als eine Zwischenübung betrachtet, die man so lange praktiziert, wie man noch durch tägliche Streckübungen die Flexibilität der Beine zu erhöhen versucht. Sie ist auch immer dann angebracht, wenn man sich während Sesshin eine kleine Erholung verschaffen möchte.

Die definitiv unbequemste Sitzhaltung ist der in den westlichen Ländern traditionelle »Schneidersitz«. Dabei liegen beide Füße unter den Oberschenkeln. Der so Sitzende hält den Rücken gekrümmt und zieht zugleich den Bauch ein. Beide Schienbeine ruhen auf dem Knöchel des jeweils anderen Fußes, so daß starke Schmerzen geradezu unvermeidlich sind. Die Lunge kann nur mit Mühe die Luft einatmen, und auch die übrigen inneren Organe sind verkrampft. Aus den genannten Gründen ist diese Haltung wahrscheinlich weder gesundheitsfördernd, noch ist sie der Ausführung von Zazen dienlich.

Der unvollständige halbe Lotussitz, bei dem ein Fuß auf der Wade des gegenüberliegenden Beines ruht, kann nach einer Weile ebenfalls schmerzhaft sein – zwar nicht in den Beinen, aber dafür im Rücken. Es scheint aus irgendwelchen Gründen schwierig zu sein, sich in dieser Position völlig aufrecht zu halten, so daß man gezwungen ist, sich zu verkrampfen.

Sämtliche vorstehenden Anweisungen hinsichtlich der verschiedenen Beinhaltung haben den Charakter von Empfehlungen, nicht von Vorschriften. Solange wir unser Bestes geben, wird niemand mehr von uns verlangen. Eine weibliche Angehörige unserer Maui-Zenhalle führte auf dem Rücken liegend sieben Tage lang ein volles Sesshin durch. Sie hatte einen Bandscheibenvorfall gehabt und konnte sich ohne fremde Hilfe nicht einmal alleine aufrichten. Daito Kokushi, ein großer Meister des frühen japanischen Zen, hatte ein lahmes Bein und konnte keine einzige der üblichen Sitzhaltungen einnehmen.

Das stilisierte Porträt, das Hakuin Zenji von Daito Kakushi angefertigt hat, zeigt diesen, wie er mit einer auffallenden Wölbung seines Gewandes dasitzt. Diese Wölbung befindet sich an genau der Stelle, wo eigentlich seine Füße sein müßten. Ich kann natürlich nicht mit Sicherheit sagen, daß mit dieser Auswölbung sein lahmes Bein gemeint ist. Wie dem auch sei – die Legende berichtet jedenfalls, daß Daito Kakushi das betreffende Bein erst gegen Ende seines Lebens in die korrekte Position bringen konnte.

»Mein ganzes Leben lang habe ich mich dir untergeordnet«, soll er zu seinem Bein gesagt haben. »Jetzt wirst du dich mir unterordnen!« Mit gewaltigem Kraftaufwand brachte er sein Bein in die richtige Lage; dabei brach es, und er verstarb im gleichen Augenblick.

Ich spreche mich entschieden gegen solch drastische Methoden aus. Wenn es jedoch unvermeidlich ist, so sollte man sie erst zur Anwendung bringen, sobald man tatsächlich zum Sterben bereit ist. Der volle Lotussitz ist die stabilste Sitzhaltung überhaupt, diese Position ist allerdings auch dazu angetan, dem übereifrigen Anfänger Verletzungen zu verursachen. Die Beine des Übenden sollten deshalb schon relativ biegsam sein, bevor er diese Position einzunehmen versucht; und selbst in diesem Fall sollte man die Haltung nur dann für längere Zeit einnehmen, wenn man sich dabei absolut wohlfühlt. Andernfalls kann es passieren, daß man sein Knie auskugelt und einen chronischen Schaden davonträgt.

Ein Yogalehrer riet mir einmal, man solle die Knie vorsichtig mit den Händen unterstützen, wenn man die Beine in die typische Zazen-Stellung bringen wolle, aber auch, wenn man sie nach einer Weile wieder in die ursprüngliche Position zurückzubringen wünsche. Das ist ein sehr überzeugender Rat. Immerhin gehören die Knie zu den anfälligsten Gelenken.

Augen und Hände

Wann immer wir Zazen praktizieren, sollten wir mit niedergeschlagenen, zu zwei Dritteln geschlossenen Augen auf einen etwa einen Meter von uns entfernten Punkt schauen. Dabei gilt es zu bedenken, daß wir bei völlig geschlossenen Augen leicht schläfrig werden; sitzen wir jedoch mit weit geöffneten Augen da, so lassen wir uns zu leicht ablenken. Außerdem sollten wir darauf achten, daß wir unseren Blick nicht fokussieren. Nach einer Zeit der Übung werden unsere Augen dann von ganz alleine die gewohnte Fixierung des Blickes aufgeben, sobald wir Zazen praktizieren.

Die Hände legen wir in der typischen Meditations-*Mudrā* im Schoß zusammen. Die linke Hand sollte mit aufwärts weisender Innenfläche auf der Innenfläche der rechten Hand ruhen, und die Daumen sollten sich an den Spitzen berühren, so daß sie ein Oval beschreiben. (Wörtlich heißt es in der Tradition, daß die Spitzen der Daumennägel Kontakt haben sollten.) Die Hände ruhen so im Schoß, daß sie die Bauchpartie leicht berühren; die Ellbogen haben nur einen geringen Abstand zur Rippenpartie. Einige Zenlehrer schlagen vor, der Übende solle sich vorstellen, daß er kostbare Juwelen in den Händen halte. Andere wiederum empfehlen, der Übende solle seine versammelte Aufmerksamkeit auf die Innenflächen der Hände richten. Wie auch immer – die Position der Hände ist in der Tat von großer Bedeutung, denn sie reflektiert den geistigen Zustand des betreffenden Menschen. Ist sein Geist klar, so bilden die Daumen ein Oval; ist sein Geist indessen dumpf oder in Tagträume versunken, neigen die Daumen dazu, aus der korrekten Haltung zu entgleiten. (Bemerkenswert ist noch, daß es in der Rinzai-Schule üblich ist, die Hände einfach zu verschränken, wobei die rechte Hand den linken Daumen umschließt.

Worauf es am Anfang ankommt

Bei Übungsbeginn plaziert man die Füße wie beschrieben auf dem jeweils gegenüberliegenden Oberschenkel, preßt das Gesäß ein wenig zurück und richtet den Oberkörper auf. Danach atmet man lautlos ein und hält dann den Atem an. Dann atmet man ganz langsam und unhörbar voll aus und verharrt in diesem Zustand. Nun atmet man neuerlich tief ein und hält den Atem fest, bevor man wieder gründlich ausatmet. Dabei ist es statthaft, durch den Mund zu atmen, während der restlichen Übung hingegen sollte man ausschließlich durch die Nase atmen. Dieses zweimalige tiefe Ein- und Ausatmen dient dazu, die Kontinuität unseres Gedankenstromes zu unterbrechen und den Geist als Vorbereitung auf Zazen ruhigzustellen.

Nun wiegen wir uns in einem zunächst weiten, dann enger werdenden Kreisbogen von einer Seite zur anderen. In gleicher Weise lehnen wir uns vor und zurück, bis wir den Eindruck haben, daß wir gut auf dem Kissen aufsitzen; dann beginnen wir, den Atem zu zählen. Dabei folgen wir den vorstehend gegebenen Anweisungen. Beim ersten Einatmen zählen wir »eins«, beim Ausatmen »zwei«, beim Einatmen dann wieder »drei« und so fort, bis wir bei »zehn« angelangt sind. Dann beginnen wir wieder von vorne zu zählen und so weiter.

Noch einmal: Den Atem zählen

Wenn man sich erst einmal wirklich auf das Zen-Training eingelassen hat, stellt man fest, daß das Zählen des Atems äußerst nützlich ist. Wie immer die Zen-Praxis sich im Laufe der Zeit ansonsten auch entwickeln mag, am Anfang jeder neuen Zazen-Periode sollte man ein oder zwei Sequenzen lang die eigenen Atemzüge von »eins« bis »zehn« zählen. Das hilft dem Übenden, die innere Balance herzustellen, und erinnert ihn daran, daß er nicht nur einfach so dasitzt, sondern mit einer bestimmten Übung befaßt ist.

Im Falle des Gelingens wird der Übende, während er Zazen praktiziert, eins mit dem Gegenstand, auf den er seine Aufmerksamkeit richtet. Solange er jedoch seinen fokussierenden

Blick beibehält, legt er seinem eigenen Potential gleichsam Fesseln an. Er selbst und der Gegenstand seiner Betrachtung bleiben zwei verschiedene Dinge. Er muß daher während des Zählens mit jedem Punkt, mit jeder Zahl ganz und gar eins werden. Der Zählende und das Zählen und der Atem sind in *diesem* Augenblick eine unauflösliche Einheit. Deshalb müssen wir uns in jede Zahl ganz einbringen. Es existiert nur »eins« im ganzen Universum, nur »zwei« im ganzen Universum, nur dieser einzige Punkt. Alles übrige ist in Dunkelheit versunken.

In der ersten Phase der Zazen-Praxis ist sich der Übende noch jedes einzelnen Schrittes dieser Prozedur bewußt, aber schließlich wird er immer mehr mit der Prozedur selbst verschmelzen. Die Praxis ist selbst das Agens der Praxis. Um dahin zu gelangen, braucht man jedoch einige Zeit, und der Übende hat in diesem Stadium vielleicht monatelang den Eindruck, daß er seine Zeit eher träumend als zählend verbringt. Das ist jedoch ganz normal. Unser Gehirn sondert Gedanken in gleicher Weise ab wie unser Magen Pepsin. Wir haben also keinerlei Grund, uns wegen dieser völlig normalen Erscheinung irgendwelche Vorwürfe zu machen.

Das Zählen des Atems ist nur eine von vielen Methoden, die wir in der Praxis des Zen zur Anwendung bringen können. Später werde ich noch detailliert auf einige andere dieser Techniken eingehen.

III DIE GESCHICKLICHKEIT IN DER METHODE

Die Aufgabe des zenbuddhistischen Meisters ist es nicht zu erklären, sondern zu zeigen. Solche Unterweisung ist nicht eine bloße pädagogische Methode, die auf bestimmte Resultate abzielt. Die Unterweisung ist der Tathāgata selbst. Beispiele für die Bedeutung dieser Worte wären etwa der Buddha, der ohne Kommentar oder weitere Erklärung vor den Augen der Gemeinde eine Blume herumwirbelt, oder Chüh-chih, der, wann immer man eine Frage an ihn richtete, einen Finger in die Luft hielt.[10]

Die hier angesprochenen Probleme haben immer wieder Anlaß zu Mißverständnissen gegeben, selbst unter Zen-Schülern. Viele sind der Meinung, daß beispielsweise *Koan* oder Zen-Paradoxien Rätsel seien, die den Zweck erfüllen, den Schüler in eine intellektuelle »Notlage« zu bringen, und daß so ein psychologischer Prozeß in Gang gesetzt werde, an dessen Ende eine Art Erleuchtung stehe. Wenngleich es wahr ist, daß die Koan-Arbeit durchaus frustrierend sein und tatsächlich in eine Art Erleuchtungserfahrung einmünden kann, so ist das Koan jedoch im Grunde genommen ein spezifischer Ausdruck der Buddha-Natur, und die Koan-Arbeit dient schlicht dem Ziel, dem Übenden und seinem Meister diesen spezifischen Ausdruck klarzumachen.

Im Sankrit bezeichnet man die einzelnen Elemente der methodischen Unterweisung als *Upāya* beziehungsweise als »Geschicklichkeit in der Methode«. Im Sino-Japanischen wird dieser Begriff mit *Hōben* wiedergegeben, und beide Wörter beziehen sich auf die zahlreichen Präsentationen der Buddha-Natur, die uns auf unserer Reise als Leitbilder dienen können. Aber wir lassen uns nicht nur durch die *Upāya* der anderen inspirieren, sondern im Umgang mit unserer Familie und anderen Menschen erweisen wir selbst unsere »Geschicklichkeit in der Methode«.

Und wieder: Den Atem zählen

Das Zählen des Atems ist ein solches Upāya, und inzwischen haben wir erfahren, welch große Herausforderung es darstellt. Wir wissen, wieviel Energie wir üblicherweise auf das Denken verwenden und wie häufig wir unversehens Pläne schmieden, Erinnerungen nachhängen oder uns in Phantasien ergehen. Und dennoch investieren die meisten Menschen einen Großteil ihrer Energie in ihre Arbeit, ihr Familienleben und in ihre Phantasien. Am Ende verfügen sie dann kaum mehr über die notwendige Energie, um sich tiefere Fragen über den Sinn ihrer eigenen Existenz zu stellen, und sie verfallen auf alle möglichen oberflächlichen Aktivitäten, um solche Fragen von sich fernzuhalten.

So stellen wir dann plötzlich fest, daß wir zwar erwachsen sind, jedoch nicht einmal die Konzentrationsfähigkeit besitzen, von »eins« bis »zehn« zu zählen. Oder vielleicht ist uns dies unter größtem Energieaufwand sogar einmal möglich, aber bei der nächsten Sequenz schon geraten wir völlig aus dem Tritt. Oder wir stellen fest, daß wir auf einer Ebene unseres Geistes mechanisch zählen, während wir auf einer anderen unseren Träumen nachhängen. Nun erkennen wir, wie wichtig eine systematische Schulung ist. Wenn das Chaos, das in unserem Geist herrscht, es uns nicht einmal gestattet, eine einfache Sequenz von Atemzügen bewußt auf uns wirken zu lassen, wie sollen wir dann genügend Aufmerksamkeit aufbringen, um Einblick in unser eigenes Wesen zu gewinnen.

So kann es etwa passieren, daß man beständig den Faden bei »vier«, bei »sechs« oder bei »acht« verliert. Deshalb sollte man sich zunächst das Ziel setzen, ohne Störung bis zu der betreffenden Zahl zu zählen – welche es auch sei. Möglicherweise reicht es am Anfang nur bis »zwei«. Dann bleibt dem Übenden nichts weiter übrig, als zunächst einmal immer wieder »eins«, »zwei« zu zählen, so lange, bis er wenigstens die dazu notwendige Konzentration aufbringt. Dann kann er sein Ziel allmählich immer höher ansetzen, bis seine Konzentration schließlich störungsfrei bis »zehn« ausreicht.

Wir alle haben mehr oder weniger starke Versagensängste und ziehen es vor, übermäßig schwierig erscheinende Aufgaben gar nicht erst in Angriff zu nehmen. Die vorstehend beschriebene Methode, die eigene Zielsetzung dem jeweils erreichten Grad des Könnens anzugleichen, erspart dem Übenden im Anfangsstadium seiner Zazen-Praxis unnötige Enttäuschungen. Ungeachtet dessen sollte er sich klar vor Augen führen, daß die Zen-Schulung ohne die Überwindung der eigenen Schwäche nicht gelingen kann. Niemand fängt als Meister an, das zeigt auch Shakyamuni Buddhas Beispiel ganz deutlich. Für einen Menschen, der noch nicht ein Höchstmaß an Reife erlangt hat, bedeutet Zazen zunächst nur, die eigene Neigung zur Selbsttäuschung immer wieder zu durchschauen und die Übung immer wieder von neuem aufzunehmen und so fort.

Sobald die Gedanken des Übenden anfangen, sich mit ungeklärten Fragen zu beschäftigen, muß dieser das Zählen bewußt wieder aufnehmen. Falls diese Frage von Bedeutung ist, so wird er nach Abschluß seines Zazen ohnehin wieder an die betreffende Angelegenheit denken. Wenn er von Glücksempfindungen durchströmt wird, so ist das völlig in Ordnung; in einem solchen Fall nimmt er das Zählen seiner Atemzüge in seinem glücklichen Zustand wieder auf. Sobald er jedoch beginnt, sich innerlich mit seinem Glück selbst zu befassen, verliert er den Faden des Zählens. Möglicherweise ist er aber auch traurig. Auch das ist völlig in Ordnung. In diesem Fall zählt er einfach im Zustand der Traurigkeit weiter. Sobald er jedoch anfängt, über die Ursachen seiner Traurigkeit nachzudenken, verschwindet plötzlich das Bewußtsein des Zählens. Zazen hat zwar einen therapeutischen Effekt, es ist aber nicht selbst eine Therapie.

Aber vor allem sollte der Übende nicht zu sich selbst sagen: »Oh, was ist nur mit mir los? Nun bin ich schon wieder abgeschweift und habe geträumt, statt zu zählen!« Solche Selbstanklagen sind reiner Selbstbetrug. Statt dessen sollten wir, sobald wir bemerken, daß wir wieder einmal abgeschweift sind, ganz einfach und unprätentiös die betreffende Gedankenkette loslassen und uns wieder dem Zählen zuwenden.

Die Zen-Halle – Fragen der Organisation

Die Zusammenleben eines Kreises von Freunden, die gemeinsam Zazen praktizieren, ist ebenfalls ein Aspekt der »Geschicklichkeit in der Methode«. Sofern wir unseren Meister, unsere Mit-Schüler und unsere spirituelle Wohnstatt ablehnen, sind wir gleichsam an einen leeren Ort verbannt. Obgleich in einem weiteren Sinne die Welt unsere Heimat ist, brauchen wir dennoch eine uns förderliche konkrete Umgebung, die unserem Engagement einen Rahmen gibt. Ohne Förderung auf der einen und Engagement auf der anderen Seite ist persönliche Erfüllung im Grunde genommen nicht denkbar. Die Organisation der zenbuddhistischen Gemeinschaft hat nur einen Zweck: Sie soll dem Schüler helfen, seines wahren Wesens gewahr zu werden und die entsprechenden Einsichten im täglichen Leben zur Anwendung zu bringen. Die Organisation des Dōjō, der dort vorgeschriebene Zeitplan und die übrigen dort geltenden Regeln, aber auch das Verhalten der dort lebenden Zen-Anhänger, dies alles ist auf das Tao des Buddha hingeordnet.

Wer das Anwesen eines Rinzai-Zen-Klosters in Japan betritt, sieht als erstes ein Schild, auf dem der Name des betreffenden Tempels, der Name des Berges (selbst in Großstädten hat ein Tempel einen »Berg« oder einen Ortsnamen), der Name des Haupttempels und die Namen seiner Niederlassungen verzeichnet sind. Schließlich sind auf dem Schild noch die Worte *Semmon Dōjō* zu lesen, die soviel wie »Spezielles Übungszentrum« bedeuten. Sobald man für sich selbst einmal ein solches spezielles Übungszentrum gefunden hat, kann man sich wieder der häufig geäußerten Meinung anschließen, daß je nach unserer inneren Einstellung jeder Ort ein Tempel sein kann. Aber solange wir uns nicht für einen bestimmten Tempel entschieden haben, ist dieses überall ein Nirgendwo.

Im *Hua-Yen-Sūtra* wird das Universum als das »Netz des Indra« beschrieben, als ein multidimensionales Netz, dessen einzelne Knoten Juwelen sind, die jeweils aus eigener Vollkommenheit leuchten, in denen sich aber auch alle anderen Juwelen vollständig reflektieren[11]. Der Sangha oder die Klostergemeinschaft ist eine Miniaturausgabe dieses Netzes. Im Zazen suchen wir die Leuchtkraft unseres eigenen Juwels zur Entfaltung zu bringen und die Leuchtkraft unserer Mit-Schüler zu reflektieren.

Das Ritual

Es gibt verschiedene Möglichkeiten, die Rituale und Zeremonien der Zen-Praxis zu interpretieren. An dieser Stelle möchte ich allerdings nur die zwei Haupterklärungsmodelle vorstellen. Erstens, Rituale sind ein Mittel, um unseren religiösen Geist zu vertiefen und dessen Energie in alle Bereiche unseres Lebens einfließen zu lassen. Rituale können uns aber auch für die Erfahrung der Selbstvergessenheit öffnen, insofern wir sosehr mit den entsprechenden Worten und Handlungen eins werden, daß für unser Bewußtsein keine anderen Gegenstände mehr existieren.

Die Praxis des *Gasshō* ist am besten geeignet, den ersten Punkt zu verdeutlichen. Gasshō bedeutet, daß wir beide Handflächen zusammenlegen und die in dieser Weise zusammengelegten Hände dann soweit erheben, daß unsere beiden Zeigefinger beinahe die Nase berühren. In dieser Haltung verbeugen wir uns, wann immer wir das Dōjō betreten oder verlassen. Aber auch vor dem Zazen verbeugen wir uns, auf unserer Matte sitzend, zweimal in dieser Weise: einmal zu Ehren der neben uns sitzenden Brüder und Schwestern, und das zweite Mal zu Ehren jener, die auf der anderen Seite der Halle Platz genommen haben.

Gasshō ist ein Ausdruck der gegenseitigen Wertschätzung. In Süd- und Südostasien ist Gasshō die konventionelle Form der Begrüßung zwischen Freunden.

In der Praxis des Zen ist es ein Ausdruck dafür, daß wir voll Respekt mit unseren Brüdern und Schwestern, mit den großen Patriarchen unserer Tradition und mit der Zen-Schulung als solcher eine Einheit bilden.

Mitunter verbeugen wir uns auch bis zum Boden und heben gleichzeitig die Hände einige Zentimeter empor. In diesem Akt heben wir gleichsam die Füße des Buddha über unseren Kopf empor. In diesem Ritual werfen wir – sinnbildlich betrachtet – alles eigene fort, oder, wie einer meiner Schüler es einmal beschrieben hat, wir lassen alle Ichbezogenheit durch unsere Schädeldecke ausfließen: alles Eigeninteresse und alle unsere Fixierungen. All dies werfen wir vollständig von uns ab, bis nur mehr die Verbeugung übrigbleibt.

»Nur mehr die Verbeugung«, das ist der zweite Aspekt. Der Übende sitzt auf seinem Kissen, um mit etwas eins zu werden. In einem bestimmten Augenblick vergißt er dann in völliger Übereinstimmung mit einem beliebigen Vorfall sich selbst. Vielleicht ist es etwas, was er tut, oder etwas, was er außerhalb seiner selbst wahrnimmt. Dieses Geräusch, der Akt des Sich-Erhebens oder was immer sonst, ist dann alles, was überhaupt existiert. Das ganze übrige Universum ist schweigsam und leer.

Dōgen Zenji hat diese Vergessenserfahrung einmal so beschrieben: »Körper und Denken entfallen; das entfallene Körper-Denken«[12]. Dabei handelt es sich um ein einziges Geschehen, aber aus Gründen der Erläuterung können wir dieses Geschehen in zwei Aspekte zerlegen und ihnen traditionelle Namen zuordnen. Wenn wir uns selbst entfallen, erleben wir den »Großen Tod«, und zugleich mit diesem abrupten Identitätsverlust erleben wir uns als den Menschen, der entfallen ist. Wir stoßen auf das »Große Leben«, während wir uns irgendwo niedersetzen, über einen Witz lachen oder ein Glas Wasser trinken – wir sind frei von Körper und Denken, und dennoch »funktionieren« wir als Körper und Denken.

So ermutigen uns die in der Zen-Halle vollzogenen Rituale, die in der gleichen Atmosphäre stattfinden wie Zazen, die Glockensignale und die Holzklappern, der genau festgelegte Ablauf der Mahlzeiten, die Rezitation der Sūtras und die Verbeugungen – dies alles begünstigt die Erfahrung des Sich-Entfallens. Ohne auf die wörtliche Bedeutung einer solchen Aussage Wert zu legen, kann man tatsächlich – genau wie einige Zen-Anhänger, die ich persönlich kenne – den Eindruck gewinnen, daß die Sūtras sich von selbst rezitieren. Was bleibt, ist nur die Rezitation selbst – und der Blickwinkel, aus dem der Übende die Welt betrachtet, hat sich um hundertachtzig Grad gewendet.

Der Tagesablauf

Unsere Aufmerksamkeit wird Tag für Tag mit einer Unzahl von Dingen oder Ereignissen konfrontiert. Solange wir uns persönlich nicht entsprechend organisiert haben, sind wir der Gnade der Umstände und Zufälligkeiten ausgeliefert, die unser Leben von einem Tag zum andern vorantreiben. Der Ursprung unserer persönlichen Desorganisiertheit sind unsere Denkgewohnheiten, und deshalb sind wir bestrebt, unseren überaktiven Geist mit Hilfe von Zazen zu beruhigen. Aber solange wir die in unserem Alltagsleben gleichermaßen vorherrschende Desorganisation nicht korrigieren, wird auch unsere Zen-Praxis uns nur gelegentliche Zufallstreffer bescheren.

Der in einer Zen-Halle oder im Leben eines privat wohnenden Zen-Schülers gültige Tagesplan ist gleichsam ein Zeit-Gerüst oder das Rückgrat der Zeit. Genau wie wir uns völlig unbehindert dem Zählen unseres Atems überlassen können, sofern unsere Sitzhaltung korrekt ist, so können wir, vorausgesetzt, unser Tagesablauf ist ausgeglichen und stabil, gleichermaßen mühelos und unbeschwert von der Arbeit zum Spiel, zum Zazen, zum Schlafen übergehen und in jeder dieser »Tätigkeiten« voll präsent sein.

Wenn man in einer Privatwohnung lebt, so muß man für sich selbst einen Tagesplan festlegen. Am produktivsten ist in diesem Fall eine Regelung, die es uns gestattet, mit einem Minimum an Entscheidungen auszukommen. Auf den ersten Blick mag diese Minimierung von Entscheidungsprozessen wie eine Verhöhnung der menschlichen Würde und Reife erscheinen, ungeachtet dessen ist es eine Tatsache, daß eine derartige »stromlinienförmige« Ausrichtung unserer Lebensweise es uns erst eigentlich erlaubt, unsere ganze Energie in die Zazen-Praxis einzubringen. Sich einschränkungslos dem Kochen, dem Tippen, der Entspannung, dem *Sitzen* hinzugeben und jeder dieser »Tätigkeiten« zur gegebenen Zeit die volle Aufmerksamkeit zuzuwenden, das ist die tägliche Praxis des Zen-Schülers – egal, ob er nun gerade auf dem Meditatonskissen sitzt oder nicht.

Yün-men Wen-yen hat gesagt: »Die Welt ist so groß und vielfältig. Warum legt ihr beim Klang der Glocke euer Priestergewand an?«[13]. Die Glocke kündigt einen Lehrvortrag in der Versammlungshalle des Klosters an. Die Mönche legen ihre offiziellen Gewänder an und kommen aus ihren Quartieren, um ihren Lehrer sprechen zu hören. Yün-mens Frage ist ein Kōan und verlangt eine grundlegende Antwort. Die folgende Upāya-Frage möge dies verdeutlichen: »Warum nehmt ihr nicht euer Handtuch und geht zum Strand hinunter, wenn die Glocke ertönt?« Die Welt ist groß und vielfältig. Sie bietet uns zahllose Möglichkeiten. Warum stehen wir überhaupt auf, wenn morgens der Wecker klingelt? Liegt es nur daran, daß wir unsere Arbeit verlieren, wenn wir andauernd zu spät kommen?

Auch Zazen kann man als ein System von Signalen auffassen. Jeder Atemzug ist in sich rund und abgeschlossen, aber sobald wir gelernt haben, uns zu konzentrieren, kann jeder Atemzug ein Signal sein, das uns auffordert, in unserem Bemühen nicht nachzulassen. Das erste Signal ist »eins«, das zweite Signal »zwei«. Wenn wir diese Signale mißachten und zu uns selbst sagen: »Nein, bei diesem Atemzug mag ich nicht zählen, ich denke lieber über meine beruflichen Schwierigkeiten nach«, dann distanzieren wir uns von der Übung und sagen gleichsam: »Ich bin zu gut für Zazen.«

In ähnlicher Weise lernen wir, unsere wahre Natur zu verstehen, wenn wir die egozentrischen Impulse ignorieren, die uns sagen: »Nein, ich will heute morgen ausschlafen« oder: »Nein, ich habe jetzt keine Lust, Zazen zu machen.« Solange wir uns nicht völlig in den jeweiligen Akt des Atemzählens, des Tippens, des Geschirrspülens etc. und in unser Hinübergleiten von einer Aktivität in die nächste einbringen, so lange erleben wir uns als von uns selbst abgeschnitten, als bedauernswerte Kreaturen.

Gemeinsam mit andern sitzen

Es ist wichtig, gemeinsam mit andern zu *sitzen*, aber viele Leute sitzen allein, weil ihnen gar keine andere Wahl bleibt. Auch unter solchen Bedingungen kann man durch die Zazen-Praxis Stärke und innere Unabhängigkeit gewinnen. Zusätzliche Ermutigung und Förderung erfährt man jedoch, wenn man mit anderen Zen-Schülern in Kontakt tritt und das Mitteilungsblatt eines der zahlreichen Zen-Zentren abonniert. Dabei sollte man sich für jenes Zentrum entscheiden, das einem aufgrund des vorliegenden schriftlichen Informationsmaterials am meisten zusagt. Es empfiehlt sich, wenigstens einmal im Jahr in dem betreffenden Kloster an einem Sesshin teilnehmen.

Auch sollte man Erkundigungen nach Zen-Gruppen einziehen, die sich im näheren Umkreis des eigenen Wohnortes zusammengefunden haben. So stellt man häufig fest, daß auch andere Menschen in der näheren Umgebung Zazen praktizieren. Ist dies jedoch nicht der Fall, so kann man durchaus in Erwägung ziehen, eine eigene Zazen-Gruppe ins Leben zu rufen. Selbst wenn nur ein Freund Interesse daran bekundet, so ist das schon ausreichend, um einen echten Sangha zu gründen. Der Diamant-Sangha entstand in dem Augenblick, da Anne Aitken und ich anfingen, gemeinsam mit zwei Freunden einmal die Woche in unserem Wohnzimmer zu *sitzen*. Dabei benutzten wir Sofakissen als Zafu und eine Pyrexschüssel plus Kochlöffel als Glocke.

Mit zunehmender Erkenntnis entdeckt der Zen-Schüler, daß andere Menschen niemand anders sind als er selbst. Sofern er sich einem Sangha anschließt, erkennt er dies von vornherein offen an. Wenn er allerdings das Gefühl hat, er würde lieber allein sitzen, so sollte er wenigstens gelegentlich mit Gruppen-Zazen experimentieren. Dabei kann sich nämlich durchaus herausstellen, daß die Widerspiegelung in anderen Zen-Schülern der eigenen Praxis zugute kommt.

Wann immer wir jedoch allein sitzen, sollten wir Shaku Soen Zenjis Rat beherzigen, der uns daran erinnert, daß jeder, der Zazen praktiziert, mit allen anderen Wesen im Universum gemeinsam sitzt.[14] Dieses Bewußtsein sollte uns begleiten, wann immer wir uns allein zum Zazen niedersetzen.

Der rechte Zeitpunkt zum Sitzen

Es ist ratsam, Zazen möglichst täglich zu einer festgesetzten Zeit zu praktizieren. Wichtig ist, daß man – wenn irgend möglich – während dieser Zeit nicht gestört wird. Deshalb empfiehlt sich in den meisten Fällen der frühe Morgen. Im Haus oder in der Wohnung ist es um diese Zeit noch ruhig, und auch der Verkehrslärm ist relativ gering. Natürlich kann man auch am Abend sitzen, aber um diese Tageszeit besteht eher die Gefahr, daß Gäste kommen oder die übrigen Familienmitglieder andere Pläne haben.

Eigentlich ist jeder Zeitraum geeignet außer der Phase unmittelbar nach dem Essen. Besonders eifrige Schüler sitzen dennoch bisweilen in unmittelbarem Anschluß an eine Mahlzeit und ignorieren die leichte Unpäßlichkeit, die ein voller Magen verursacht. Mütter und Väter kleiner Kinder finden vielleicht nur während des Mittagschlafs der Kleinen eine – nicht ganz ungefährdete – Gelegenheit zum Sitzen. Falls möglich sollte man jedoch jeden Tag zur gleichen Zeit Zazen praktizieren. Dieser Zeitpunkt mag vielleicht mehr durch die Umstände als durch freie Wahl bestimmt sein. Falls es die Umstände jedoch nur gestatten, kurz nach dem Aufstehen und der Morgentoilette Zazen zu praktizieren, so ist es wichtig, daß wir uns tatsächlich Tag für Tag um genau diese Zeit auf dem Sitzkissen niederlassen. Dies sollte dann allerdings ausnahmslos gelten.

Die rechte Dauer einer Sitzung

Der Novize sollte am Anfang die Dauer der einzelnen Sitzungen nicht allzusehr ausdehnen. Fünf Minuten sind zunächst wahrscheinlich genug. Wenn man aus religiösen Motiven täglich fünf Minuten *sitzt*, so wird sich schon bald der Wunsch nach einer Ausdehnung dieser Zeitspanne einstellen. Versucht man indessen, gleich zu Anfang eine halbe Stunde zu meditieren, so besteht die Gefahr, daß man bereits nach dem ersten Tag wieder aufgibt. Man verhält sich dann etwa wie ein Mensch, der sich Sorgen um seinen körperlichen Zustand macht und deshalb beschließt, gleich beim ersten Mal 4000 Meter zu laufen – und meistens bleibt es dann auch dabei. Diese Haltung ist der große Irrtum des Perfektionisten. Besser ist es, sich Nahziele zu setzten – so daß man jedesmal ins Schwarze trifft – und sich dann nach und nach fernere Ziele zu stecken und so allmählich die Anforderungen immer mehr zu steigern.

Obwohl die Sitz-Dauer von einem Zen-Kloster zum anderen variiert, vertrat Yasutani Roshi die Meinung, daß man – selbst als erfahrener Zazen-»Veteran« – gar nicht erst versuchen solle, ohne Pause länger als fünfundzwanzig Minuten in einem Stück zu sitzen. Dem stimme ich vorbehaltlos zu. Falls der Schüler eine ausgedehnte Zazen-Sitzung durchführen möchte, sollte er nach fünfundzwanzig Minuten unbedingt eine Pause einlegen, sich erheben und strecken, das Gesicht waschen oder nur kurz zum Himmel aufblicken und sich dann wieder in die Sitzposition begeben. Er kann sein Zazen nun erfrischt fortsetzen. Sitzt er hingegen längere Zeit, ohne zwischendurch einmal eine Pause einzulegen, so kann es passieren, daß er, zuweilen sogar ohne es selbst zu spüren, seine körperliche und geistige Spannkraft einbüßt.

Es kann aber auch durchaus hilfreich sein, einen Wecker zu benützen, damit wir während der Meditation nicht auf die Uhr zu schauen brauchen. Man kann diesen Wecker beispielsweise mit einem Kissen zudecken, so daß sein Ticken nicht stört. Traditionell *sitzt* der Übende so lange, wie ein Räucherstäbchen braucht, um niederzubrennen. Die in einschlägigen Geschäften erhältlichen kürzeren Stäbchen brennen etwa fünfundzwanzig Minuten lang.

Der rechte Ort – und der Genius loci

Auch empfiehlt es sich für den angehenden Zen-Schüler, einen ganz bestimmten Übungsort festzulegen. Die meisten von uns können sich einen abgetrennten Zazen-Raum nicht leisten, aber wir alle können in einer bestimmten Zimmerecke eine sakrale Atmosphäre schaffen. Der Zen-Schüler sollte deshalb seine Matte und sein Kissen dort plazieren, außerdem einen niedrigen Tisch, Räucherwerk, Blumen und ein Bildnis Shakyamunis, Bodhidarmas, Kanzeons oder eines der anderen großen Bodhisattvas beziehungsweise Meister unserer Tradition. Der Raum sollte sauber und ordentlich und ohne übermäßige Sonneneinstrahlung, allerdings auch nicht gerade düster sein. Den Geist religiöser Hingabe, der so charakteristisch für Zen-Klöster ist, können wir so in unseren eigenen vier Wänden und in unserem täglichen Leben erwecken.

Auf der anderen Seite sollte diese Ausstattung mit Kultgegenständen und religiösem Dekor allerdings auch nicht übertrieben sein, sondern frei von sentimentalen Assoziationen, die so leicht zur Selbstgefälligkeit verleiten. So ist es beispielsweise völlig überflüssig, stickig-süß duftendes Räucherwerk zu verwenden. Andererseits sollte die Umgebung, in der wir unser Zazen verrichten, aber auch nicht so spartanisch ausgestattet sein, daß sie keinerlei religiöse Assoziationen mehr hervorruft. Für einige Menschen stellen Räucherwerk und das Bildnis des Buddha eine ernsthafte Bedrohung ihrer rationalen Selbstkontrolle dar. Aber wir dürfen uns ganz gewiß nicht ausschließlich auf unsere rationalen Kräfte verlassen.

Räucherstäbchen, Bilder und Blumen helfen uns, mit den Quellgründen des universellen Geistes in Berührung zu kommen. Sie bringen uns unsere Einheit mit unserem geistigen Erbe, aber auch mit unseren Schwestern und Brüdern zu Bewußtsein – eine Einheit also, von der wir bereits vorher wissen, daß sie das Grundfaktum unserer ganzen Übungspraxis ist. Solche symbolischen Repräsentationen helfen uns aber auch, von echter Bedeutung erfüllte Archetypen des universellen Mitgefühls und der Erkenntnis in unserem tiefsten Sein zu verankern. Verzichten wir hingegen auf solche Hilfsmittel, so kann uns Zazen leicht zu einer Art pop-psychologischer Methode verkommen, die wir etwa auf der gleichen Ebene konsumieren wie die heute üblichen Bücher über das sogenannte positive Denken.

Die Kleidung

Wenn wir Zazen praktizieren, sollten wir sauber und ordentlich gekleidet sein. Yasutani Roshi empfiehlt, während des *Sitzens* keinen Pyjama zu tragen, da andernfalls die Assoziation mit dem Schlafen und der Freizeitaspekt sich in das Zazen einschleichen könnten. Es ist ratsam, die Schultern bedeckt zu halten und auf ablenkende Farben zu verzichten. In den meisten Übungszentren werden die Schüler gebeten, keine karierten und gemusterten Kleider zu tragen und die Anwendung von Parfüm sowie sichtbaren Schmuck zu vermeiden.

Um die Blutzirkulation in den Beinen zu gewährleisten, sollte man besser keine enganliegenden Hosen oder Strümpfe tragen. Eine Zazen-Robe oder ein japanischer Kimono beziehungsweise ein *Hakama* sind am besten geeignet.

Kinhin

In allen Zen-Klöstern praktiziert man zwischen den einzelnen Sitzzeiten das sogenannte *Kinhin*. Wenn der Zen-Schüler Kinhin ausführt, schreitet er unter Beachtung bestimmter Vorschriften entweder rasch, mäßig, schnell oder ganz langsam dahin – das Tempo hängt von den Bräuchen der jeweiligen Schule ab – und setzt währenddessen das Zählen der Atemzüge oder die Arbeit an einem Koan fort. In den Übungszentren, die sich zu Harada Roshis Tradition bekennen, umfassen wir während des Gehens mit den Fingern der rechten Hand – etwa in Höhe des Solar plexus – den rechten Daumen und bedecken sie mit der linken Hand. Die Ellbogen stehen ein wenig seitwärts ab, und die Unterarme verlaufen parallel zum Boden. Andere Traditionen haben diesbezüglich jedoch ihre eigenen Regeln.

Wenn am Ende einer Zazen-Periode die Glocke ertönt, beugt sich der Zen-Schüler in größer werdenden Bögen einige Male vor und zurück, dann wendet er sich auf seinem Kissen in Richtung des Altares und erhebt sich langsam, wobei er seinen Rücken der Matte zuwendet; nun stellt er seine Füße fest auf den Boden. Er sollte sich jedoch nicht auf die Matte stellen, denn diese ist weich, und falls seine Füße eingeschlafen sind, könnte er leicht im Fußgelenk umknicken. Wenn die Glocke abermals erklingt, fügt er die Hände zum Gassho zusammen und verbeugt sich; anschließend nimmt er die Hände wieder vor die Brust, wendet sich nach links, hält kurz inne und schreitet dann ins Freie.

Kinhin befindet sich etwa in der Mitte zwischen dem Grad der Achtsamkeit, der beim Sitzen erforderlich ist, und jener Qualität der Aufmerksamkeit, wie sie im Alltagsleben verlangt ist. In diesem Zustand des Gehens praktizieren wir zwar einerseits Zazen, auf der andern Seite müssen wir aber auch darauf achten, daß wir den richtigen Abstand zu unserem Vordermann halten. Das Wort »Kinhin« bedeutet etwa soviel wie »Sūtra-Prozession«, es bezeichnet also ein Sūtra, das »gegangen« statt laut rezitiert wird. In alten Zeiten wurden die Sūtras tatsächlich im Gehen rezitiert, und in speziellen Zeremoniellen ist das noch heute der Fall. Kinhin zeigt uns, daß unsere alltäglichen Handlungen selbst Sutras sind.

Wir können Kinhin in unserem Alltagsleben bis zu einem gewissen Grad praktizieren. Wenn wir von der Wohnung zum Bus gehen, aus unserem Haus in den Garten oder wenn wir einfach in der Wohnung herumgehen, können wir die Hände zusammenlegen und uns in die Zazen-Dimension versetzen. Priester, Nonnen und fromme Laien der verschiedenen Weltreligionen praktizieren fast alle ein mehr oder weniger regelgebundenes Kinhin. In allen diesen Traditionen ist bekannt, daß das Zusammenfügen der Hände beim Gehen in dem betreffenden Menschen eine Art Gebetshaltung hervorruft.

Man sollte jedoch möglichst nicht durch die mit Zazen verbundenen Körperhaltungen die Aufmerksamkeit anderer Menschen auf sich ziehen. Es besteht kein Grund, Zazen, Kinhin oder andere Elemente der Zen-Schulung öffentlich zur Schau zu stellen. Menschen, die kein besonderes Interesse an Selbsterkenntnis haben, werden natürlicherweise Fragen stellen, wenn sie einen Zen-Anhänger erblicken, der völlig »verklärt« daherkommt, oder wenn sie in dessen Wohnzimmer eine Zazen-Ecke sehen. Wenn man oberflächliche Gespräche über Zen vermeidet, so trägt das nur dazu bei, das eigene Denken und Fühlen vor »Verunreinigungen« zu schützen. Andererseits ist es sehr leicht, ernsthaft suchende Menschen zu erkennen und ihnen beizustehen.

Der Kyosaku

In jeder Zen-Halle hält der Übungsleiter während der einzelnen Zazen-Perioden einen schmalen, abgeflachten Stock in der Hand. Dieser Stock heißt Kyosaku (auch *keisaku* gesprochen); er symbolisiert das Schwert der Weisheit des Bodhisattva Mañjushri, das alle Begriffe und Selbsttäuschungen zerschneidet. Mit diesem »Erweckungsstock« schlägt der Übungsleiter dem Zazen-Schüler auf die Schultern; dabei macht der Kyosaku ein scharfes, klatschendes Geräusch, das in der ganzen Zen-Halle zu hören ist. Der Kyosaku ist so zahlreichen Mißverständnissen ausgesetzt, daß er eine eingehende Erläuterung verdient.

In manchen Büchern wird berichtet, der Kyosaku finde in erster Linie Verwendung, um eingeschlafene Schüler zu wekken und solche zu bestrafen, die ihren Phantasien nachhängen. Das ist jedoch eine billige Interpretation, die keinerlei Rückendeckung in der Erfahrung hat. In Ryutakuji, dem Kloster, wo ich vor vielen Jahren meine Schulung erhielt, habe ich gesehen, wie der Übungsleiter gemessenen Schrittes im Dōjō auf und ab ging und die in sich zusammengesunkenen Körper der meisten anwesenden Mönche, die eingeschlafen waren, völlig ignorierte. Dies war am zweiten Tag der Sesshin; alle waren müde, und kaum einem der Anwesenden war es bis dahin gelungen, sich innerlich auf den Rhythmus dieser sieben Tage währenden Exerzitien einzuschwingen. Am dritten Tag wurde die Atmosphäre allmählich wacher, und vom vierten Tag an tippte der gleiche Übungsleiter all jenen, die einzunicken drohten, leicht mit dem Kyosaku auf die Schulter.

Was den Kyosaku als Mittel der Bestrafung anbelangt, so entspricht eine solche Praxis nicht dem Geist einer Zen-Halle. Wenn er geschickt verwendet wird, ist der Kyosaku schlicht ein Stimulans. Er trifft dann die Schultermuskulatur aus einem bestimmten Winkel und mit exakt soviel Kraftaufwand, daß er einen leichten Stich verursacht und sonst nichts.

In vielen Klöstern, das unsrige eingeschlossen, erhält man den Kyosaku nur, wenn man darum bittet. Wenn man sich abgeschlagen oder schläfrig fühlt, so fügt man die erhobenen Hände zum Gasshō zusammen, dem mit dem Übungsleiter vereinbarten Zeichen. Während dieser von hinten die Schulter des Übenden antippt, läßt jener seine Hände wieder in den Schoß sinken und bewegt den Kopf zunächst nach links und dann nach rechts, während er einige leichte Schläge auf die Schultern erhält. Danach nimmt er wieder die Gasshō-Haltung ein. Vor und nach dieser Prozedur verbeugt der Übungsleiter sich jeweils in der Gasshō-Haltung vor dem Schüler. Diese Prozedur wird von Übungszentrum zu Übungszentrum ein wenig unterschiedlich gehandhabt.

Der Kyosaku gilt traditionell als »Erweckungsstock«, so die buchstäbliche Bedeutung des Wortes. In der fernöstlichen Feudalgesellschaft waren die Zen-Schüler auf eine härtere Behandlung vorbereitet, als wir im Westen es vielleicht vermuten würden. In den Kyosaku, den wir in unserem Koko-An-Zendo in Honululu verwenden, hat Yamada Roshi Yün-mens klassische Worte »Ich erspare euch sechzig Schläge« eingeritzt[15]. Mit anderen Worten: »Welchen Sinn soll es haben, euresgleichen zu schlagen!?« Das ist ein härterer Schlag als jeder Hieb mit einem Stock, aber diese Worte waren für einen von Yün-mens Schülern eine solche Herausforderung, daß er darüber die Erleuchtung erlangte. Wir Menschen in den westlichen Ländern haben den Feudalismus – wie ich hoffe – inzwischen hinter uns gelassen, und nur wenige von uns könnten sechzig Stockschläge, ohne mit der Wimper zu zucken, über sich ergehen lassen. Aber das ist kein Zeichen von Schwäche. Was den Rigorismus der Sesshin und das Bemühen um Überwindung der eigenen Schwäche anbelangt, so bin ich der Meinung, daß westliche Zen-Schüler ihren chinesischen und japanischen Vorbildern hinsichtlich ihrer Willensstärke und Energie um nichts nachstehen.

Der Kyosaku als Werkzeug der Achtsamkeit

Der Kyosaku ist ein wichtiges Werkzeug, um den Übenden an seine eigentliche »Aufgabe« zu erinnern. Wenn man hört, wie ein anderer mit dem Kyosaku »geschlagen« wird, so kann man sich durch diesen Sinneseindruck dazu auffordern lassen, wieder zum Atemzählen und zur Koan-Arbeit zurückzukehren. Wenn jemand hustet, sich bewegt, hereinkommt oder hinausgeht, wenn draußen ein Vogel singt, ein Gecko schreit, wenn es zu regnen beginnt oder wieder aufhört, wenn der Wind in den Bäumen rauscht oder einem die Beine weh tun – all diese Wahrnehmungen können einen dazu auffordern, innerlich wieder zum Atemzählen zurückzukehren.

Die üblichen Zen-Hallen sind nicht geräuschisoliert, und in Japan sind sie sogar weitgehend ungeschützt gegenüber Witterungseinflüssen. Wenn es draußen kalt ist, ist es drinnen kalt; wenn es draußen heiß ist, ist es drinnen heiß. Wenn die Mücken kommen, können die Mönche zwar Insektenschutzkerzen anzünden, aber die Mücken stechen trotzdem. Jede kleine Wahrnehmung natürlicher Geschehnisse kann den Übenden dazu auffordern, mit dem Träumen, dem Phantasieren, dem Pläneschmieden und ähnlichem aufzuhören und sich wieder seiner eigentlichen »Aufgabe« zuzuwenden.

Es gibt jedoch Geräusche, die äußerst störend wirken. Die menschliche Stimme, selbst ein Flüstern, vielleicht gerade ein Flüstern, können die Konzentration auf eine harte Probe stellen. Andere Menschen, die in einem Nebenzimmer Lärm machen, obwohl man selbst genau weiß, daß *sie* wissen, daß man gerade Zazen macht, können ebenfalls stören. Auch ein Fernseher oder ein Radio sind unangenehme Störungen. Je ruhiger der Übungsplatz ist, um so besser. Ist dies gegeben, dann können natürliche Geräusche Zazen sogar unterstützen.

Der Kyosaku selbst

Vom praktischen Standpunkt aus betrachtet, sind der Kyosaku und alle Sinneswahrnehmungen Stimuli, die uns auffordern, uns neuerlich dem Gegenstand unseres Zazen zuzuwenden, aber in letzter Hinsicht sind diese Sinneswahrnehmungen vollständig und genügen sich selbst. Jede Berührung, jeder Laut, jeder Zweig, der im Blickfeld des Übenden vom Wind bewegt wird, ist ein vollständiger und in sich abgerundeter Ausdruck seiner selbst; und keinem dieser Sinneseindrücke mangelt es an etwas, noch haftet ihm etwas Überflüssiges an. Jede derartige Erfahrung, die wir als Stimulus benutzen, enthält natürlich ein Element der Bedeutung und der Bezugnahme. Aber für den Buddha war der Morgenstern nichts weiter als dieser Stern selbst. Er konnte daher sagen, daß alle Wesen und alle Dinge uneingeschränkt in sich selbst ruhen. Was bedeutet der Schrei des Geckos? »Chi! Chi! Chi! Chichichichichi!« Da haben wir den Morgenstern.

Der nächste Schritt

Ich möchte nun eine neue Methode des Atemzählens vorstellen. Statt sowohl den Ein- als auch den Ausatem zu zählen, zählt der Übende dabei nur den Ausatem, und zwar wiederum von »eins« bis »zehn«. Während er einatmet, ist er bestrebt, seinen Geist ruhig und heiter zu »stellen«.

Dieser Aspekt der Übungspraxis demonstriert dem Übenden die Bedeutung des Ausatmens. Zum einen wirkt das Ausatmen beruhigend. Man kann es auch mit einem Seufzer vergleichen. Auf der anderen Seite besteht ein sehr enger organischer Zusammenhang zwischen dem Ausatmen und dem Handeln. Man muß nur einmal beobachten, wie ein *Kendo*-Lehrer im Augenblick des Zuschlagens laut brüllt. Die Lautstärke des Brüllens ist in unserem Zusammenhang von untergeordneter Bedeutung. Was uns hier interessiert, ist die Einheit Ausatmen-Handeln. Wahrscheinlich besteht auch eine Verbindung zwischen geistiger Aktivität und dem Ausatmen. Unsere geistige Aktivität hat den Zweck, unser Denken zu beruhigen, und unser physisches Handeln soll unsere körperliche Spannung herabsetzen, und dies um so mehr, je vertrauter wir mit dem Zählen werden. Am Anfang erscheint uns dies mechanisch, schon bald jedoch empfinden wir es als ganz natürlich.

IV SELBSTTÄUSCHUNGEN UND FALLSTRICKE

> Alles unterliegt dem Gesetz der Veränderung
> einem Traum, einem Phantom, einer Luftblase, einem Schatten gleich,
> wie der Tau des Morgens oder das Zucken des Blitzes;
> in dieser Weise solltet ihr kontemplieren[16].

Diese Verse stehen am Ende des Diamant-Sūtras; sie beziehen sich nicht nur auf die Kürze des Lebens, sondern gleichermaßen auf das Gewebe eines jeden Augenblickes. Er hat keine Substanz, ja wie es im Herz-Sūtra heißt – er ist gänzlich leer[17].

Weil es unmöglich ist, die buddhistische Doktrin der Leere intellektuell zu begreifen, wird sie immer wieder mißverstanden. Einige buddhistische Gelehrte begnügen sich mit der Erklärung, der Begriff der Leere stehe nur für die Vergänglichkeit aller Aspekte der phänomenalen Welt: »Wenn du ›jetzt‹ sagst, ist es bereits vorüber.« Aber das ist nicht der ausschließliche Wortsinn.

Mit dem Wort »Leere« bezeichnen wir einfach alles, was eigenschafts- und alterslos ist – das vollkommen Leere und zugleich durch und durch Wirksame. Man kann es auch Buddha-Wesen, Selbst, Wahres-Wesen nennen, aber solche Worte sind nichts weiter als Etiketten oder Hinweisschilder.

Jegliche Form ist Leere, und, wie das Herz-Sūtra sagt, das Leere ist Form. Die grenzenlose Leere des Universums ist in letzter Hinsicht das Wesen unseres Alltagslebens, ob wir nun einen Laden betreiben, für unsere Kinder sorgen, unsere Rechnungen bezahlen oder sonst einer gewöhnlichen Tätigkeit nachgehen.

Wenn wir dies erkennen, dann begreifen wir auch, daß wir nichts weiter sind als Bündel von Sinneswahrnehmungen, denen nicht mehr Substanz zukommt als einem Traum oder einer Schaumblase auf der Oberfläche des Meeres. Dann wird uns aber auch die Nichtigkeit unserer üblichen Selbstbezogenheit klar, und wir werden frei von selbstischen Bestrebungen und erfreuen uns des Universums in seinem So-Sein sowie unserer bis dahin ungeahnten Tiefen.

Dann ist der Geist von vollkommener Ruhe erfüllt. Weder Begriffe, Vorstellungen oder Gefühle machen sich geltend. In diesem Zustand der Ruhe werden wir nicht von dem Kaleidoskop ständig neu auftauchender Gedanken, Farben und Formen geblendet, und deshalb sind unser Verhalten und unsere Reaktionen nicht durch egozentrische Impulse geleitet. Wir genießen die Freiheit, unsere menschlichen Möglichkeiten im Zusammenhang mit den Bedürfnissen von Menschen, Tieren, Pflanzen und den andern Dingen um uns herum angemessen zur Entfaltung zu bringen. Wir stehen auf unseren eigenen Beinen und entscheiden: »Ich möchte dies tun; jenes möchte ich nicht tun.« Dieses Empfinden für die richtigen Proportionen kann man auch als »Mitleid« bezeichnen, mit einem Wort also, das ursprünglich das »Leiden mit anderen« bezeichnet. »Ich bin, was mich umgibt«, hat Wallace Stevens in einem frühen Gedicht einmal geschrieben. Und so erschließt sich uns, daß Erleuchtung und Liebe nicht zwei verschiedene Zustände sind.

Zazen ist im Grunde genommen nichts weiter als eine Methode, diese Erleuchtung–Liebe zu kultivieren. Jeder Atemzug ist die Leere selbst; jeder Atemzug erfüllt seinen genauen Zweck. Wenn wir Zazen praktizieren, richten wir all unsere Kräfte auf diese Übung. In diesem kristallklaren Zustand begegnen wir unseren egozentrischen Selbsttäuschungen in ihrer aufdringlichsten Gestalt und nicht in der bis zur Unkenntlichkeit verwässerten Form, in der sie uns im Alltagsleben entgegentreten. Indem wir, sobald diese Selbsttäuschungen ihr Haupt erheben, innerlich wieder zur Übung des Zazen zurückkehren, lernen wir zugleich auch, uns für das wahrhaft »Zweckdienliche« zu entscheiden, und wir lösen uns aus der Umklammerung durch unsere Selbsttäuschungen und brechen so langsam ihre Macht.

Kategorien der Selbsttäuschung

In diesem Kapitel möchte ich drei Kategorien der Selbsttäuschung beschreiben, mit denen fast jeder im Laufe der Zazen-Praxis zu kämpfen hat. Der Begriff der Selbsttäuschung impliziert in diesem Zusammenhang jedoch keinerlei moralische Wertung. Unter Selbsttäuschung verstehe ich hier nichts weiter als eine Abweichung vom Pfad der Erleuchtung und des Mitgefühls.

1. Tagträume. Die erste der drei Kategorien der Selbsttäuschung, die uns im allgemeinen am meisten zu schaffen macht, ist das Ausspinnen von Tagträumen. Dabei ist oftmals schwer auszumachen, wer der »Jäger« und wer der »Gejagte« ist. Denn häufig verfolgen uns unsere Tagträume geradezu, oder jedenfalls erweckt es ganz diesen Anschein.

Wenn wir in dieser Art von Phantasie gefangen sind, schmieden wir Pläne, malen uns Geschichten aus oder erinnern uns in allen Einzelheiten an ein vergangenes Ereignis. Unser alltägliches Ich ist beständig mit dieser geistigen Tätigkeit befaßt. Derartige Tagträumereien haben in unserem normalen Leben durchaus ihre Berechtigung, wann immer wir indessen Zazen praktizieren, sind sie fehl am Platz.

Es ist nicht einfach, diese Selbsttäuschung zu durchbrechen. Wenn wir auf direktem Weg versuchen, unsere Gedanken zu blockieren, so ist uns kein Erfolg beschieden. Denn in einem solchen Fall blockieren wir uns selbst, und so vergeuden wir nur sinnlos unsere Energie, während unsere Phantasien nichts von ihrer Intensität einbüßen. Deswegen ist es wichtig, beim Zazen den Geist einfach offenzuhalten – offen wie frische Luft. Wird irgendwo in unserer Umgebung ein gedämpftes Geräusch vernehmbar, so nehmen wir es ohne innere Stellungnahme einfach zur Kenntnis. Wichtig ist, daß wir uns das folgende klar bewußtmachen: Solange wir von Tagträumen absorbiert sind, verschließen wir uns in uns selbst. Und so hören wir beispielsweise das gedämpfte Geräusch gar nicht richtig. Zählen wir jedoch mit wachem und klarem Geist unsere Atemzüge, so sind wir vollkommen offen.

Im Zustand der Selbsttäuschung sind wir innerlich völlig von der betreffenden Illusion blockiert.

Sobald unsere Tagträume jedoch in den Hintergrund treten, wird uns bewußt, daß wir abgeschweift sind, und wir sind neuerlich fähig, uns wieder ganz dem Atemzählen oder der Koan-Arbeit zuzuwenden.

Der Entschluß, den eigenen Phantasien nachzuhängen, ist die *bête noire* des Zazen. Wir sagen dann gleichsam innerlich: »Ich werde die Übung jetzt einmal eine Zeitlang vergessen und über dies oder jenes nachdenken.« Ich kannte einmal einen Mann, der die Ruhe des Zazen dazu benutzte, seine Geschäftsprobleme innerlich aufzuarbeiten. Schließlich nahm er an unseren Sitzungen nicht mehr teil. Vielleicht hat er während unserer gemeinsamen Sitzungen all seine geschäftlichen Probleme gelöst. Wenn man jedoch in dieser Weise vorgeht, so nimmt man eine schlechte Gewohnheit an, die man eines Tages durchbrechen muß, sofern man wirklich den Wunsch hat, den eigenen Geist zu besänftigen. Deshalb ist es besser, solche Gewohnheiten erst gar nicht zu entwickeln. Es gibt Zeiten, da wir uns mit unseren persönlichen, gesellschaftlichen oder finanziellen Angelegenheiten beschäftigen müssen – Zazen ist jedoch keine solche Zeit.

2. »Wilde« Gedanken. Die zweite Art der Selbsttäuschung, der wir während Zazen unterliegen, ist das »wilde Denken«. Diese Aktivität mag durchaus eine kreative Freizeitbeschäftigung sein, aber auf dem Meditationskissen trennt sie den Übenden von seinem eigentlichen Anliegen. Wer solchen Gedanken nachhängt, treibt, von einer Flut von Gedanken, Bildern, musikalischen Eindrücken und Träumereien getragen, dahin. Vielleicht investiert er nicht viel Energie in diese Fragmente seiner geistigen Aktivität, und vielleicht besteht zwischen diesen Bruchstücken gar keine inhaltliche Verbindung. Mitunter wird der Meditierende feststellen, daß er seine Atemzüge zählt oder an seinem Koan arbeitet, während diese Gedanken im Hintergrund seines Geistes ihr sinnloses Geschwätz weiterspinnen. Das ist unergiebiges Zazen, und der Betreffende sollte sich bewußt zur Ordnung rufen.

Während der ersten Zeit der Zazen-Praxis und manchmal auch während eines längeren Zeitraums lenken solche geistigen Hintergrundgeräusche den Zen-Schüler von der Meditation ab. Dagegen kann man nichts machen. Das Denken ist die Funktion unseres Gehirns, und es ist nicht unser Ziel, diese Funktion außer Kraft zu setzen. Vielmehr ist es unser erklärtes Anliegen, unsere geistige Energie in den Gegenstand unseres Zazen einfließen zu lassen. Sofern wir das wirklich tun, lassen unsere »wilden Gedanken« ganz allmählich und auf natürliche Weise nach.

Yasutani Roshi zufolge gibt es Menschen, die jahrelang Zazen praktiziert haben und der Meinung sind, es sei ihre Aufgabe, all ihre Gedanken zum Schweigen zu bringen. Es ist zwar möglich, diesen Zustand zu erreichen, aber kaum wünschenswert. Denn in einem solchen Fall würden wir unsere Kreativität ebenfalls zum Schweigen verurteilen, und woher sollte dann die Erleuchtung kommen? Wir wären Zombies, und das ist gewiß nicht unser Ziel. Denn unser Ziel ist es, während wir eine Sequenz von Atemzügen zählen, erst »eins« zu werden, dann »zwei« und so fort. Diese Übung schärft sogar unser Denkvermögen und ermöglicht erst deutliche Erkenntnis.

3. Makyō. Die dritte Kategorie der Selbsttäuschung sind die *Makyō*, die sogenannten »geheimnisvollen Phänomene«. Dabei handelt es sich um eine Tief Traum-Erfahrung, die durchaus dramatische Visionen und ein verändertes Körpergefühl einschließen kann – seltener auch den Eindruck, etwas zu hören oder zu riechen, was objektiv in der Umgebung des Meditierenden gar nicht existiert.

Flora Courtois hat in ihrem kleinen Buch *An American Womans's Experience of Enlightenment* verschiedene Makyō äußerst anschaulich beschrieben, so etwa das folgende:

Vor mir erschien eine Szene wie aus einer undenklich fernen, primitiven Zeit. Ich hatte den Eindruck, ich sei Mitglied einer kleinen Familie von Höhlenbewohnern. Unser ganzes Leben und unsere Umgebung waren in ein beinahe undurchdringliches Halbdunkel getaucht. Aber in unserer Höhle hatten wir immerhin einen sicheren Ort gefunden, wo wir vor einer – für mein Gefühl – feindlichen Außenwelt geschützt waren. Mit der Zeit jedoch fanden wir als Familienverband den Mut, uns auf das Abenteuer einzulassen und uns auf die Suche nach einem helleren und weniger begrenzten Ort zu machen. Nun fanden wir uns plötzlich auf einer weiten, lichtüberfluteten Ebene wieder, die sich in alle Himmelsrichtungen erstreckte. Auf allen Seiten schien der Horizont uns mit bis dahin unerhörten Möglichkeiten zu locken.[18]

Für Mrs. Courtois stellte diese Erfahrung einen Wendepunkt in ihrer Meditationspraxis dar. Die übrigen Mitglieder ihrer Familie – wie in der Tat ein Großteil des Menschengeschlechtes – flüchteten sich in die Höhle zurück und überließen sie allein ihrem Schicksal.

Nicht alle Makyō sind von solch bildhafter Deutlichkeit, aber sie alle werden lebhaft empfunden. Eine Schülerin erzählte mir einmal, eine Schar weißer Tauben sei herabgeschwebt und habe sich in ihrem Körper niedergelassen. Das beeindruckendste Makyō, das mir widerfahren ist, versetzte mich in einen alten Tempel, dessen steinerne Säulen zu einer sehr hohen Decke emporstrebten. Ich saß auf dem Steinfußboden, und großgewachsene Mönche in schwarzen Gewändern umschritten mich in einem Kreis; dabei rezitierten sie Sūtras. Wie alle tiefen Makyō war auch diese Erfahrung von einem starken Gefühl der Ermutigung und des Zuspruchs begleitet.

Yasutani Roshi weist darauf hin, daß gewisse Religionen den Makyō eine große Bedeutung beimessen. Visionen und himmlische Stimmen gelten dort ernsthaft als Zeichen der Erleuchtung und der Erlösung. Wenn ein Mensch »in Zungen« spricht, so betrachtet man das dort ebenfalls als eine Art Makyō. Das Phänomen der Astralwanderung und verwandte Erscheinungen sind dann bereits eine höhere Stufe des Makyō. Diese Phänomene sind vielleicht von allgemeinem Interesse, denn sie offenbaren das reiche Potential der menschlichen Erfahrungswelt, aber sie sagen nur wenig über den aus, der sie erfährt.

Im Zen gelten die Makyō als Zeichen dafür, daß der Schüler Fortschritte macht. Wem diese Erfahrung zuteil wird, der hat das Stadium eines oberflächlichen Beliebigkeitsdenkens hinter sich gelassen. Er ist nicht mehr in der Welt unserer alltäglichen Illusionen gefangen, und ihm wird die Ermutigung zuteil, daß er bereits in Bälde zur Erkenntnis seiner wahren Natur gelangen wird, falls er in seinem Bemühen nicht nachläßt. Auch der Buddha hatte Visionen von schönen Frauen, von Engeln und Teufeln, als er so unter dem Bodhi-Baum dasaß. Auf der andern Seite gibt es durchaus vollkommen reife Zen-Adepten, die niemals Makyō gehabt haben; die Makyō-Erfahrung ist also keine unerläßliche Voraussetzung der Erleuchtung. Wenn sie dem Schüler jedoch zuteil wird, so ist das ein Zeichen dafür, daß er seine Bestimmung bald erreichen wird, sofern er mit unermüdlichem Fleiß auf sein Ziel hinarbeitet.

Ich habe gelegentlich Zen-Schüler gehört, die behaupteten, Makyō seien das Nonplusultra. In gewisser Hinsicht ist das nicht ganz falsch, aber ich kann in diesem Zusammenhang nur zur Vorsicht raten. Die »Stimme Gottes« ist nichts weiter als die Stimme unserer eigenen »diesseitigen« Psyche. Sie zeigt uns vielleicht an, daß wir dem Ziel nahe sind, das ist aber schon alles.

Der Zen-Schüler sollte mit seinem Lehrer stets über seine Makyō sprechen, er sollte jedoch nicht versuchen, diese Erfahrung willentlich herbeizuführen, denn sie taucht nur spontan auf und läßt sich nicht herbeikommandieren. Tauchen jedoch Makyō auf, so läßt der Meditierende sie wie jede andere Selbsttäuschung an sich vorbeiziehen. Wann immer er sich niederläßt, um Zazen zu praktizieren, führt er sich noch einmal in aller Klarheit die Wichtigkeit dieser Übung vor Augen. Egal wie interessant und ermutigend bestimmte Gedanken, aber auch Makyō sein mögen, sie unterliegen immer noch der Begrenztheit der phänomenalen Welt.

Befindlichkeiten

Unsere größte Selbsttäuschung ist unsere unentwegte Beschäftigung mit unserem persönlichen Befinden. Wir haben es hier mit einer wichtigen Frage zu tun und wollen uns deshalb mit diesem Problem ausführlich befassen. Zunächst einmal sollten wir uns eingestehen, daß viele Dinge, die uns innerlich bewegen, in äußeren Gegebenheiten begründet zu liegen scheinen, in Wirklichkeit jedoch ihre Wurzeln in uns selbst haben. Ein Beispiel ist die Wut, die mitunter von Menschen zum Ausdruck gebracht wird, die an ihrem Alter oder an einer Krankheit leiden.

Während Sesshin, aber auch während der übrigen Zazen-Perioden herrscht in einem Zen-Kloster eine gewisse Spannung. Die Mahlzeiten sind knapp, der Schlaf ist kurz bemessen; Zazen ist harte Arbeit, und die Zen-Schüler leben auf sehr engem Raum miteinander. Man ist sehr empfindlich und dünnhäutig. Ganze Gefühlsladungen, die ansonsten unbemerkt bleiben oder unterdrückt sind, kommen plötzlich zum Vorschein – mitunter sogar mit großer Gewalt – und heften sich an die Umstände. Vielleicht hat man den Eindruck, jemand möchte einen durch sein Zappeln oder Husten absichtlich ärgern. Vielleicht mißtraut man dem Übungsleiter und dem Lehrer und ist davon überzeugt, daß sie unfreundlich seien oder einen für einen hoffnungslosen Fall halten. Vielleicht gehen einem aber auch das ganze Training und der bis ins letzte geregelte Tagesablauf auf die Nerven. Oder vielleicht breiten sich ganz plötzlich lange aufgestaute Gefühle der Wut gegen Familienangehörige wie ein Buschfeuer aus und absorbieren sämtliche Energien des Übenden.

Vermutlich ist es gesund, daß solche Gefühle in das Bewußtsein aufsteigen. Vielleicht ist es dem Übenden nicht sogleich möglich, sich wieder dem Zählen zuzuwenden, wenn er diese Empfindungen bemerkt. Vielleicht sind sie so intensiv, daß er sie einfach nicht ignorieren kann. Aber wir müssen uns irgendwie mit ihnen auseinandersetzen – die Frage ist nur: Wie? Eine Möglichkeit ist, sich von ihnen mitreißen zu lassen. »Meine verdammte Mutter«, lautet dann plötzlich der Inhalt der Meditation. Besser wäre es in einem solchen Fall, sich zu fragen: »Bin ich wütend auf meine Mutter?« Die eigenen Gefühle wahrzunehmen und sie in ihrer Qualität anzuerkennen führt uns allmählich dahin, auch die Verantwortung für sie zu übernehmen. Wir reflektieren dann über die Erkenntnis »Diese Wut stammt aus mir«. Gelingt es uns, diese Erkenntnis wirklich anzunehmen, so können wir uns wieder auf das Zählen konzentrieren.

Wenn man sich im Dōjō durch einen unbewußt »zappelnden« Sitznachbarn gestört fühlt, so ist es vergleichsweise einfach, sich innerlich wieder auf die Übung zu konzentrieren, falls man die wahren Ursachen der eigenen Verärgerung durchschaut. Unser zappelnder Nachbar hat in einem solchen Fall wahrscheinlich mit körperlichen Schmerzen oder geistiger Not zu kämpfen. Sollten wir da nicht ein wenig verständnisvoller sein? Im übrigen werden die Bewegungen unseres unglücklichen Nebensitzers dem Übungsleiter zweifellos nicht entgangen sein, und er wird dem Ruhelosen zum angemessenen Zeitpunkt eine entsprechende »Erinnerung« zuteil werden lassen. Wir brauchen uns also über den ganzen Vorfall überhaupt keine Gedanken zu machen.

Verärgerung ist eine Befindlichkeit, Glückseligkeit eine andere; das Empfinden, völlig »durchsichtig« zu sein, ist wieder ein anderer Zustand und ebenso Schläfrigkeit und so fort. Diese Zustände sind nur Oberflächenwellen auf dem Ozean des Geistes. Sie bilden gleichsam den Rahmen der Meditation. Wenn wir verärgert sind, so praktizieren wir »verärgerten« Zazen. Entscheidend ist, daß wir auch in diesem Zustand weiterhin unsere Atemzüge zählen und mitten im Feuer unserer Emotionen unablässig an unserem Koan arbeiten. Befinden wir uns indessen im Zustand der Glückseligkeit, so wird auch unser Zazen von Glückseligkeit getragen sein. Sobald wir uns jedoch im Geiste zu unserem glückseligen Zustand gratulieren, verschwindet die entsprechende Befindlichkeit auf der Stelle. Ihrem Wesen nach ist unsere sogenannte Umgebung nichts weiter als ein Schatten.

Deshalb: Wenn wir schläfrig sind, praktizieren wir schläfrigen Zazen. Schläfrigkeit ist mit tiefem Zazen irgendwie verwandt, denn in beiden Fällen ist unsere Großhirnrinde weniger aktiv als sonst. Deshalb können in diesem Zustand Makyō auftauchen. Der Zeitpunkt des Einschlafens wie des Aufwachens sind für den reifen Schüler nicht selten Momente der Erleuchtung. Man sollte also gegen diese Art der Schläfrigkeit nicht ankämpfen. Wenn man gerade Zazen praktiziert, *sitzt* man eben im Zustand dieser Schläfrigkeit. Sobald einem der Kopf vornüber sinkt, bringt man ihn leicht und ohne Widerwillen wieder in die erwünschte Position.

Manchmal können wir eine hartnäckige Befindlichkeit auch durchbrechen, wenn wir zwischen den einzelnen Sitz-Perioden unser Gesicht waschen oder einen Schluck Wasser trinken. Bisweilen kann man aber auch nicht viel tun, und man verbringt in der Zeit des Sesshin einen ganzen Morgen oder sogar einen ganzen Tag in einem besonders lebhaft empfundenen Zustand. Aber auch diese Befindlichkeit hat irgendwann ein Ende. Selbst leichte Schmerzen, die während Sesshin auftreten, verschwinden in dem gleichen Maße, wie der Zustand der Versenkung sich vertieft. Man kann solche Befindlichkeiten einem hartnäckigen Traum vergleichen, der einen im Schlaf verfolgt: Wenn der neue Tag beginnt, ist der Traum nicht mehr da.

Auch das Denken selbst ist eine Befindlichkeit. Beim *Sitzen* bilden unsere Gedanken gleichsam den Rahmen unseres Zazen. Sie sind in dem gleichen Sinn ein Teil unserer »natürlichen« Umgebung wie das Zimmer, in dem wir sitzen, oder der Fernseher, der im Nebenraum läuft. Deshalb sollten wir im Bewußtsein solcher Gedanken *sitzen*, ohne uns von ihnen beherrschen zu lassen. Wir zählen »eins«, »zwei«, »drei«, und alle Ablenkungen werden mit der Zeit bedeutungslos. Im Grunde genommen ist es weder unser Ziel, die »gute Befindlichkeit« der Ruhe zu erreichen noch die »schlechte Befindlichkeit« der Lärmbelästigung auszuschalten.

Immer wieder hat der Zen-Lehrer Fragen zu beantworten, in deren Mittelpunkt *Samādhi* steht, der für die Qualität einer Meditation charakteristische Bewußtseinszustand der Sammlung. Wenn man die entsprechende Zen-Literatur zu Rate zieht, so stellt man fest, daß es ganz verschiedene Samādhi-Techniken gibt. So schreiben die einen bestimmte Atemübungen vor, andere weisen den Meditierenden an, seine gesamte Aufmerksamkeit im Unterleib zu sammeln und so fort. Natürlich ist Zazen in gewisser Hinsicht auch eine Samādhi-Technik, aber eines sollte man sich ein für allemal bewußtmachen: Samādhi ist nicht der Hauptzweck des Zazen. Genauer ist unser Ziel definiert, wenn wir sagen, daß wir auf die drei folgenden Fragen, die Paul Gauguin in den Mittelpunkt seiner künstlerischen Existenz gestellt hat, eine Antwort suchen: »Woher kommen wir? Was sind wir? Wohin gehen wir?« Das heißt, Zazen ist ein Selbstzweck.

Ich vertrete die Meinung, daß sich Samādhi betreffende Fragen am sinnvollsten beantworten lassen, wenn man den wißbegierigen Zen-Schüler dazu ermutigt, ganz und gar mit Zazen eins zu werden, die Zahlenreihe bis zehn oder das Koan zu atmen, das Zählen dem Zählen zu überlassen, das Koan sich mit dem Koan befassen zu lassen. Um all dies zu tun, braucht man nicht seine Muskulatur in einer bestimmten Weise zu aktivieren, abgesehen einmal davon, daß man sie im Rahmen der rechten Körperhaltung entspannen und dem Bauch gestatten sollte, den Gesetzen der Schwerkraft folgend herauszuhängen. Meine eigene, mehr als dreißigjährige Erfahrung mit dem Zen-Training hat mich zu der Überzeugung gebracht, daß die Bedeutung, die ein Lehrer Samādhi beimißt, häufig zu Lasten seiner Wertschätzung der Erleuchtung geht.

Schmerz

Yamada Roshi sagt: »Der Schmerz in den Beinen ist der Geschmack des Zen.« Manchmal lächelt er dann in die Runde seiner Schüler und fügt hinzu: »Es würde mich interessieren zu erfahren, ob ihr wißt, was ich meine.« Und jeder weiß es. Jeder leidet während Sesshin Schmerzen. Der Schmerz ist daher eine Befindlichkeit, die in diesem Kapitel eine besondere Erläuterung verdient.

Die erste der vom Buddha verkündeten Wahrheiten lautet, daß leben »leiden« bedeutet. Die Vermeidung des Leidens führt nur zu noch schlimmerem Leiden. Die Kürze unseres Lebens erfüllt uns mit Schmerz, und so versuchen wir, dieses Leiden in übermäßigem Alkoholkonsum zu ertränken, wodurch wir unser Leiden nur verstärken. Es ist schmerzhaft, unser Hab und Gut mit anderen zu teilen, und so erzeugen wir Armut und führen Kriege, um unsere ach so bequeme Habgier vor Beschränkungen zu bewahren.

Es tut weh, die Sehnen unserer Beine in ungewohnter Weise anzuspannen, aber wenn wir vor diesem Schmerz davonlaufen, so leiden wir darunter, daß wir nicht fähig sind, Zazen zu praktizieren. Die körperliche Beschaffenheit des Menschen ist individuell verschieden, und manch einer hat nicht die geringste Hoffnung, jemals längere Zeit auf einem Meditationskissen sitzen zu können. Das ist vollkommen in Ordnung so. Wer beim *Sitzen* an die Grenze seiner physischen Belastbarkeit geht, der praktiziert wahres Zazen, selbst wenn er dabei in einem Sessel sitzt.

Einige Menschen sind beständig um ihr eigenes Wohlbefinden besorgt. Wenn ich mich in der Zen-Halle umschaue, so sehe ich bisweilen Leute, die – wenngleich jung – bereits alte Zazen-Praktiker sind und dennoch regelmäßig in der Seiza-Haltung sitzen oder immer noch zwischen dem Meditationskissen und einem Stuhl hin- und herwechseln. Wenn dies durch die Folgen alter Verletzungen verursacht ist, dann läßt sich nichts dagegen einwenden, aber wo physischer Widerstand sich geltend macht, da ist auch ein geistiger Widerstand vorhanden.

Natürlich erfüllt die Zen-Praxis nicht den Zweck, aus uns Samurai zu machen. Es ist nicht ihr Anliegen, verkrüppelte Heroen zu schaffen. Als ich einmal an einem Sesshin teilnahm, verlangte der Lehrer von uns äußerste Ausdauer. Er ließ uns Perioden *sitzen*, die teilweise bis zu eindreiviertel Stunden dauerten. Zwei der Teilnehmer trugen Nervenschäden in den Beinen davon. Das ist natürlich empörend.

Wir sollten uns immer darum bemühen, den Mittelweg zu finden. Am Anfang einer neuen Zazen-Periode können wir beispielsweise zunächst die Seiza-Position einnehmen oder uns auf einen Stuhl setzen. Falls die Schmerzen während einer Zazen-Periode allzu stark werden, kann der Übende einen Fuß aus dem halben Lotussitz in die burmesische Position herabsinken lassen. Er sollte sich jedoch immer ein wenig Zwang auferlegen. Falls es ihm im halben Lotussitz nicht gelingt, mit beiden Knien den Kontakt zur Meditationsmatte herzustellen, so kann er ein kleines Kissen unter das betreffende Knie legen. Das Kissen sollte jedoch so dünn sein, daß in dem Bein eine leicht »unangenehme« Streck- und Spannungsempfindung spürbar bleibt.

Sobald der Übende Schmerzen empfindet, sollte er sich innerlich dem Atemzählen zuwenden – genau wie er es tut, wenn er bemerkt, daß er über etwas nachsinnt. Aber genau wie Gefühle der Verärgerung und emotionale Probleme können auch physische Schmerzen so stark sein, daß man sie nicht mehr ignorieren kann. In einem solchen Fall sollte man auf den betreffenden Schmerz eine Zeitlang innerlich eingehen, ihn als den eigenen annehmen und sich in ihn hinein entspannen. Sobald der Schmerz nachläßt, wendet man sich wieder dem Zählen zu.

Eine der Pāramitās oder Vollkommenheiten ist die Geduld. Sämtliche Pāramitās – Gebefreudigkeit, Sittlichkeit und so weiter – sind Charakteristika des Buddha. Das Buddha-Wesen atmet ein und aus, und ist zugleich stets im Zustand der Ruhe. Ruhe ist das Wesen der Geduld. Wir sollten es uns deshalb zum Anliegen machen, die Ruhe zu kultivieren.

Die kranke Seele

Ein weiterer Aspekt dessen, was ich vorstehend Befindlichkeit genannt habe, ist jener Zustand, den William James als »die kranke Seele«, San Juan de la Cruz als »die dunkle Nacht der Seele« und der Psalmist David als »das Tal des Todesschattens« beschrieben haben. Es handelt sich also um die Erfahrung einer geistigen Wüstenei, in der kein kühles Naß Linderung oder Befruchtung bringt – um die Erfahrung der absoluten inneren Leere. In diesem Zustand erscheint alles sinn- und zwecklos. Alles, was zuvor eine Bedeutung hatte, erscheint nun absurd und müßig. Der Schüler ist pessimistisch und völlig niedergeschlagen.

Möglicherweise ist dieser Zustand Folge eines chronischen Pessimismus: Der Schüler ist gegenüber sich selbst überkritisch, hegt übertrieben idealistische Erwartungen hinsichtlich der Wirkungen des Zazen oder ist bezüglich seiner persönlichen Reinheit perfektionistisch. Vielleicht kommt ein solcher Negativitätsschub aber auch aus heiterem Himmel. Der Zen-

Lehrer kann in einem solchen Fall den Schüler nur dazu ermutigen einzusehen, daß auch ein Zen-Schüler nur ein Mensch ist, der genau wie die Buddhas und Lehrer der Vergangenheit an seine individuelle körperliche und geistige Konstitution gebunden ist. Es besteht kein Grund, weshalb wir nicht im Rahmen dieser Konstitution all unsere Fähigkeiten zur Entfaltung bringen sollten. In gewisser Hinsicht ist Erleuchtung nur möglich, wenn man den »Agenten« dieses Prozesses voll und ganz bejaht. Aber dieser »Agent« ist immer ein konkreter Mensch oder eine Persönlichkeit. Selbsthaß und Selbstablehnung sind daher für den Zen-Schüler blinde Bundesgenossen.

Auf der andern Seite ist der Zustand »der kranken Seele« möglicherweise ein Stadium, das der Erleuchtung unmittelbar vorhergeht – eine unabweisbar religiöse Erfahrung. Allerdings ist diese Befindlichkeit nicht gerade durch besondere Glücksgefühle charakterisiert, und wie David im 23. Psalm betont, sind gerade in diesem Stadium außerordentlich viel Vertrauen und Mut nötig, um auf dem einmal eingeschlagenen Weg unbeirrt voranzuschreiten. Der Christ und der Jude setzen in diesem Zustand äußerster Vereinsamung ihren ganzen Glauben in Gott. Der Zen-Schüler fühlt sich sogar noch mehr vereinsamt und muß sich auf seinem beschwerlichen Weg allein mit dem Vertrauen in den Zazen-Prozeß begnügen. Die kranke Seele steht eigentlich auf der Schwelle der Verwandlung, wie sie sich im Großen Tod vollzieht; im nächsten Schritt ihrer Entfaltung muß sie für sich selbst ersterben und einen Tod auf sich nehmen, der mit der im Akt der geistigen Wiedergeburt zum Durchbruch gelangenden Erleuchtung zusammenfällt. Aber auch im Zustand der Verwüstung, wie er für die kranke Seele charakteristisch ist, muß der Schüler an der Zazen-Praxis unbeirrbar festhalten und sowohl die innere Verwüstung als auch die kranke Seele selbst loslassen. Er muß ganz einfach wie bisher seine Zen-Arbeit fortsetzen und sich, so gut er kann, in seine Zazen-Praxis einbringen. Er muß versuchen, durch das Zählen der Atemzüge und die Einswerdung mit dem Koan Selbstvergessenheit zu erlangen.

Persönliche Probleme

Die Auseinandersetzung mit persönlichen Problemen ist eine weitere Kategorie der Selbsttäuschung, die vielen Zen-Schülern erhebliche Schwierigkeiten bereitet. Diese Auseinandersetzung kann man auf drei verschiedene Arten führen. Erstens kann man die entsprechenden Probleme ignorieren. Dies erscheint vermutlich grob vereinfachend, aber es ist richtig, daß unsere Probleme wachsen und gedeihen, solange wir ihnen durch die Aufmerksamkeit, die wir ihnen entgegenbringen, immer neue Nahrung geben. Häufig bestehen Probleme tatsächlich nur in unserm Kopf. Ich glaube, es war Josh Billings, der gesagt hat: »Ich bin ein alter Mann und habe viele Befürchtungen gehabt, von denen die meisten sich niemals bewahrheitet haben.« Weil vieles für die Richtigkeit dieser Aussage spricht, empfiehlt es sich, während des *Sitzens* Probleme nicht anders zu behandeln als andere Ablenkungen. Man sollte sie einfach übergehen beziehungsweise mit der Übung selbst ganz und gar eins werden und das betreffende Problem vorüberziehen lassen.

Es kann natürlich auch passieren, daß ein Problem so hartnäckig ist, daß man es einfach nicht ignorieren kann. Dann sollte man sich mit einem vertrauten Freund aussprechen, den lange hinausgeschobenen Brief endlich schreiben, den unvermeidlichen Telefonanruf tätigen oder mit einem Buch wie *Focusing*[19] arbeiten. Sobald wir einem Problem offen ins Gesicht sehen, verstehen wir zu unserer eigenen Überraschung oft genug plötzlich seine uns bis dahin rätselhaften Ursachen.

Bisweilen läßt sich ein Problem aber auch nicht aus dem Bewußtsein verdrängen, wenn man es ignoriert oder praktische Maßnahmen ergreift, um es zu lösen. Wenn es unsere Zazen-Praxis ernstlich stört, so mag im Einzelfall professionelle Hilfe nötig sein. Sicherlich ist es in einem solchen Fall von Vorteil, wenn der betreffende Ratgeber Verständnis für den Zazen-Prozeß hat. Vielleicht läßt sich diese psychologische Arbeit sogar mit dem Zazen in eine kreative Beziehung bringen. Eventuell muß man aber auch eine Zeitlang von Zazen Abstand nehmen.

Selbstzweifel

Unser Perfektionsdrang wirft vielleicht die Frage auf: »Bin ich aufrichtig genug, um Zazen zu praktizieren?« Auf die Frage nach der Bedeutung der Aufrichtigkeit erwiderte Yasutani Roshi: »Fünf Prozent Aufrichtigkeit reichen für den Anfang. Wenn ihr vollkommen aufrichtig wäret, so wärt ihr bereits in diesem Augenblick erleuchtet.« Auch unsere Aufrichtigkeit wächst – genau wie alles übrige – im Laufe der Zazen-Praxis. Wir haben nicht den geringsten Anlaß, uns vorzuwerfen, daß wir »nur« Menschen sind.

Gelegentlich hat der Zen-Schüler den Eindruck, daß sein Zazen zu einem gegebenen Zeitpunkt schlechter sei als einige Monate zuvor. Dieser Eindruck kann durchaus richtig sein. Zen ist ein Zick-Zack-Pfad, aber nur wenn man es vom Standpunkt des vollkommenen Samādhi, das heißt vom Standpunkt der absoluten Ruhe des Geistes aus betrachtet. Ansonsten kann man sich darauf verlassen, daß man trotz aller Rückschläge innerlich kontinuierlich reift. Wahrscheinlicher ist allerdings, daß uns in solchen Fällen unser Gedächtnis einen Streich spielt. Der Enthusiasmus, der uns am Anfang unseres Zen-Weges beseelt, hat sich bald verbraucht, und übrig bleibt die alltägliche Erfahrung eines äußerst schwierigen Trainings. Möglich ist aber auch, daß wir im Laufe der Zeit auf Ablenkungen empfindsamer reagieren oder daß wir uns durch den Tumult in unserem Geist, den wir früher gar nicht wahrgenommen haben, plötzlich gestört fühlen. Derartige Sorgen gehören wiederum in die Kategorie Befindlichkeiten. Deshalb sollte man sie beiseitewischen und sich statt dessen lieber dem Zazen zuwenden.

Zazen für Eheleute

Wenn einer von zwei in ehelicher Gemeinschaft lebenden Partnern kein Interesse an Zazen oder überhaupt an Meditationspraktiken aufbringen kann, so müssen beide Eheleute bestrebt sein, daß diese Divergenz nicht schließlich eine Entfremdung zwischen ihnen zur Folge hat. Insbesondere in den

Vereinigten Staaten, aber auch in anderen westlichen Ländern, wo Ehemann und Ehefrau häufig sogar die gleiche Kleidung tragen und sich in all ihren Aktivitäten aufeinander abstimmen, kann jede von dieser gemeinsamen Basis abweichende Aktivität, die zusätzlich persönliches Engagement erfordert, sich zu einer Bedrohung der Partnerschaft auswachsen. Falls also nur einer der Partner an Zen interessiert ist, so muß der Betreffende möglicherweise sein Zazen ein wenig reduzieren, um so mehr Zeit für Familienaktivitäten zu gewinnen.

Der nichtinteressierte der beiden Partner sollte im übrigen nicht das Gefühl haben, unfreiwillig mit Anschauungen und Verhaltensweisen konfrontiert zu werden, die seine tiefsten Überzeugungen verletzen. Bestimmte humanistische ebenso wie christliche oder jüdische Grundsätze scheinen manchmal auf den ersten Blick durch die Lebenspraxis des Zen in Frage gestellt zu werden. Mitunter dauert es Monate oder sogar Jahre, bis ein Mensch begreift, daß dies nicht der Fall ist. Ehefrauen oder -männer, die erst später zum Zazen finden, haben sich meistens durch die Veränderungen überzeugen lassen, die in ihrem Partner vor sich gegangen sind und nicht durch mögliche Nötigung.

Auch nicht an Zazen interessierte Ehemänner oder -frauen sollten bei allen Sangha-Festivitäten und -Ausflügen willkommen sein. Solche Zusammenkünfte sind eine gute Gelegenheit zu zeigen, daß der Meister und seine Schüler letztlich doch gar nicht so »verschroben« sind. Das trägt dann manchmal dazu bei, daß etwa bestehende Zweifel und Befürchtungen sich relativieren.

Kinder

Manche Kinder haben vielleicht den Wunsch, gemeinsam mit ihren Eltern Zazen zu praktizieren. In Japan ist es Tradition, daß die Eltern ein solches Verhalten nicht ermutigen. Dort bringt man den Kindern Gasshō bei und zeigt ihnen, wie sie sich vor dem Altar zu verbeugen haben. Außerdem liest man ihnen Geschichten über den Buddha vor. Aber zur Zazen-Zeit liegen sie entweder im Bett, oder man schickt sie spielen. Der

Grund für dieses Verhalten liegt darin, daß ein echtes Interesse an Zazen sich erst nach der Pubertät entwickeln kann. Zeigt ein Kind dennoch Interesse, so ist es damit meist nach kurzer Zeit bereits wieder vorbei. Läßt man das Kind ungeachtet dieser psychologischen Voraussetzungen Zazen praktizieren und an den üblichen fünfundzwanzig Minuten langen Sitz-Perioden teilnehmen, so kann es durchaus einen Widerstand gegen die Meditation aufbauen, so daß es später die Zazen-Praxis innerlich ablehnt.

Wenn ein Zen-Anhänger also Kinder hat, die Interesse an Zazen bekunden, so empfiehlt es sich, ihnen zu erklären, daß man gerne bereit sei, gemeinsam mit ihnen zu *sitzen*, falls sie dies wünschen, daß sie sich jedoch diesbezüglich keinerlei Zwang unterwerfen sollten. Außerdem ist es ratsam, den Kindern zu sagen, daß sie zwar jederzeit an Zazen teilnehmen, aber die Übung auch ganz nach Belieben wieder abbrechen können. Anschließend sollte man das betreffende Kind dann spielerisch auffordern zu berichten, woran es während Zazen gedacht hat. Möchte ein Kind von uns wissen, was während des *Sitzens* innerlich in uns vorgeht, so können wir beispielsweise mehr oder weniger beiläufig das Atemzählen erwähnen. Das Kind sollte anschließend völlig frei für sich entscheiden können, ob es das Zählen der Atemzüge selbst einmal ausprobieren möchte oder nicht. Lehnt ein Kind es jedoch prinzipiell ab zu *sitzen*, so ist es klug, ihm nach einer Zazen-Sitzung mit besonderer Aufmerksamkeit zu begegnen, damit es nicht den Eindruck bekommt, etwas Falsches getan zu haben. Auch sollten Kinder bei allen Sangha-Geselligkeiten und -Ausflügen stets willkommen sein.

Kinder lieben Zeremonien: Neben dem Gasshō und dem Räucherwerk- und Blumenopfer kann man ihnen deshalb auch beibringen, vor der Hauptmahlzeit ein kurzes *Gatha* zu sprechen – etwa das folgende:

> Wir verehren die drei Kostbarkeiten
> und danken für dieses Mahl.
> Es ist das Werk vieler Hände
> und eine Teilhabe an anderen Lebensformen.[20]

Auf die drei Kostbarkeiten werde ich in Kapitel sechs noch ausführlich zu sprechen kommen.

Der nächste Schritt

An dieser Stelle möchte ich nun eine neue Technik des Atemzählens einführen. Zuletzt hatten wir uns das Ziel gesetzt, stets zugleich mit dem Ausatmen zu zählen und unseren Geist beim Einatmen in einem Zustand der Ruhe und Klarheit zu halten. Nun kehren wir diesen Prozeß um. Wir zählen zugleich mit dem Einatmen und sind bestrebt, unseren Geist beim Ausatmen in einem Zustand der Ruhe und Klarheit zu halten. Das ist zwar weniger natürlich, da unsere geistigen und körperlichen Aktivitäten eng mit dem Ausatmen gekoppelt sind, aber es vermittelt unserer meditativen Konzentration eine leicht veränderte Ausrichtung. Schließlich verbringen wir die Hälfte unseres Lebens einatmend. Deshalb zählen wir beim Einatmen »eins«, beim folgenden Atemzug »zwei«, beim nächsten »drei« und so fort. Bei »zehn« fangen wir wieder von vorne an.

V RELIGIÖSE GRUNDEINSTELLUNGEN

Das Wort »Zen« ist aus der japanischen Aussprache des chinesischen *ch'an* entstanden, das seinerseits eine Zusammenziehung von *ch'an-na* ist. *Ch'an-na* wiederum ist die chinesische Aussprache des Sanskrit-Wortes *Dhyāna,* das Meditation bedeutet. Wir können also Zen mit »Meditation« übersetzen, und der Weg des Zen bedeutet dann soviel wie »Weg der Meditation«. In diesem Sinne ist die Religion des Zen frei von konfessioneller Enge.

In seinen »Introductory Lectures« spricht Harada Roshi von den klassischen »Fünf Typen des Zen«, und seine Nachfolger sind ihm in dieser Hinsicht gefolgt. Ungeachtet dessen ist diese Klassifizierung in ähnlicher Weise willkürlich, wie dies für viele vorwissenschaftliche Klassifizierungssysteme gilt, ja sie enthält sogar eindeutige Irrtümer. Das heißt, die dort genannten Typen sind nicht klar genug voneinander abgegrenzt, um wirklich in sich geschlossene Kategorien zu bilden. So wird etwa in einer dieser Kategorien alles zusammengefaßt, was nichtbuddhistisch ist. Solche Typisierungen sind natürlich zu vage, um auch nur im geringsten von irgendeinem Nutzen zu sein.

Während Harada Roshi aufzeigen wollte, daß Zen nicht mit einer bestimmten japanisch-chinesisch-indischen Tradition deckungsgleich ist, erscheint mir umgekehrt die Subsumierung etwa der Lehren Ramana Maharshis oder Inayat Khans unter den Begriff des Zen ebenso bedenklich. Wenn wir das Wort »Zen« dazu verwenden, die Lehren solcher Meister zu beschreiben, so beurteilen wir jedermann nach unseren ganz persönlichen Maßstäben.

Deshalb werde ich hier bei allem Respekt, den ich vor meinen Lehrern hege, die »Typen des Zen« außer acht lassen und statt dessen versuchen, einiges über die Einstellungen zu sagen, die ganz allgemein für praktizierte Religiosität charakteristisch sind. Dabei ist es wie auch sonst meine erklärte Absicht, Zen als eine unter zahlreichen Möglichkeiten darzustellen, und wann immer der Eindruck entsteht, ich wolle unlautere Vergleiche anstellen, so ist das auf meine mangelnde Vertrautheit mit anderen Religionen, nicht jedoch darauf zurückzuführen, daß es etwa mein Anliegen wäre, Zen in ein besonders helles Licht zu stellen.

Der humanistische Standpunkt

Zunächst möchte ich über eine Einstellung sprechen, die sich am besten als der »humanistische« Standpunkt charakterisieren läßt. Diese Haltung ist insofern religiös, als sie Einfluß auf die Lebensführung der betreffenden Menschen ausübt, sie hat jedoch keinen spezifischen Bezug zu einer der offiziellen Religionen. Ein Beispiel für diese Einstellung ist etwa das *Seiza Shiki*, »das System des stillen Sitzens«. Ich habe Seiza bereits in Kapitel zwei beschrieben. Um diese Sitzhaltung einzunehmen, begibt man sich zunächst in eine quasi-kniende Position und läßt dann das Gesäß rückwärts auf die Fersen sinken; die Füße liegen dabei seitlich des Sitzkissens. Diese Position leitet sich von der in Japan üblichen Sitzweise auf dem *Tatami* her. Tatsächlich lautet ein anderer Name für Seiza *Nihon-za* oder »japanisches Sitzen«. Beim Seiza Shiki sitzt man – allerdings ohne Kissen – in japanischer Manier auf einer Matte; das Gesäß befindet sich dabei auf den Fersen. In vielen Groß- und Kleinstädten Japans gibt es Gruppen von Menschen, die sich regelmäßig treffen, um gemeinsam Seiza zu praktizieren. In Zügen, Bussen und Wartesälen sieht man ebenfalls Menschen, die mit gesenkten Augen und einem heiteren Ausdruck auf dem Gesicht in dieser Haltung dasitzen. Beim Seiza Shiki ist man gehalten, den Ausatem zu verlangsamen, die Aufmerksamkeit auf den Atem zu richten und im Bauchbereich zu sammeln. Die Anhänger dieser Technik sitzen stundenlang in dieser Position und behaupten, das sei ausgesprochen gut für ihre Gesundheit.

In der Seiza-Haltung werden die verschiedenen typisch japanischen Künste ausgeführt – so etwa die Kalligraphie, die Teezeremonie, das Blumenstecken und so weiter. Tatsächlich wird Zazen selbst in einigen Teezeremonie-Akademien ebenfalls gelehrt. Zahlreiche Lehrer solch martialischer Künste wie *Karate* und *Aikido* lassen ihre Schüler vor der eigentlichen Arbeit in der Sporthalle die Seiza-Haltung oder sogar den Lotus-Sitz einnehmen. Diese Praxis beruht wahrscheinlich auf der Annahme, daß die Schüler ihr Ki oder ihre Lebenskraft, ein für solch martialische Aktivitäten unentbehrliches Element, stärken, wenn sie zuvor ihren Geist beruhigen.

Die japanische Armee hat Seiza lange Zeit zu disziplinarischen Zwecken eingesetzt, in ähnlicher Weise wie in den westlichen Ländern die Eltern ein ungehorsames Kind in der Ecke sitzen lassen. In den vergangenen Jahren hat man in Japan im Strafvollzug ein System der »Umerziehung« eingeführt, in dem neben anderen Elementen auch Seiza eine große Rolle spielt.

Während der begrenzten Zeit, die ich in japanischen Zenklöstern verbracht habe, habe ich Mönche kennengelernt, die sich aus den verschiedensten »humanistischen«, man könnte auch sagen therapeutischen Gründen den Kopf geschoren oder Gelübde abgelegt hatten. Ich kannte einen Mönch, der auf diesem Wege versuchte, sein Asthma zu kurieren, ein anderer bekämpfte seine Neigung zur Kleptomanie, und ein dritter, ein Kalligraphielehrer, war unzufrieden mit der Persönlichkeit, die in seinen kalligraphischen Arbeiten zum Vorschein kam. Dieser Kalligraph hatte seine Familie und seine berufliche Karriere aufgegeben und unterzog sich acht Jahre lang im Ryutaku-Kloster in Mishima einem harten Training. Als er mit dem Grad der von ihm erreichten Reife zufrieden war, kehrte er zu seiner Familie zurück und nahm seine Lehrtätigkeit wieder auf.

Aber das gibt es wohl nur in Japan. In der abendländischen Welt suchen die Menschen aus den verschiedensten – nicht immer erklärtermaßen religiösen – Gründen Hilfe beim Zen. Die Unterscheidung zwischen einer humanistischen und einer religiösen Motivation ist im Grunde genommen nicht ganz korrekt. Besser wäre es, zwischen oberflächlichen und tiefgründigen Motiven zu unterscheiden, und am Anfang der

Zazen-Praxis verfügt keiner von uns über sonderlich tiefgründige Meditationserfahrungen.

Der eschatologische Standpunkt

Die Eschatologie befaßt sich mit dem Tod und dem Leben danach. Die eschatologische Haltung ist daher auf die Zukunft gerichtet und befaßt sich mit den religiösen »Vorleistungen«, die wir erbringen müssen, um in der Zukunft belohnt zu werden. Je nach der Tradition wird diese Zukunft entweder als Leben in einer jenseitigen Welt oder als eine endlose Abfolge von Existenzen gedacht.

Ich habe einmal einen buddhistischen Meister aus Tibet getroffen, der gerade erst im Westen angelangt war. Er hatte von Zen gehört, und wollte alles über den Zen-Buddhismus wissen. »Welche Art von Visualisierungsübungen praktiziert man im Zen?« fragte er.

Ich erklärte ihm, daß wir in der Zen-Meditation damit beginnen, unsere Atemzüge zu zählen und uns in einem nächsten Schritt dann intensiv mit der Koan-Arbeit befassen. »Was ist ein Koan?« wollte er wissen.

Ich erwiderte: »Als dem Buddha die Erleuchtung zuteil wurde, rief er aus: Jetzt sehe ich, daß alle Wesen der Tathāgata sind. Was hat er damit wohl gemeint?«

»Er meinte, daß alle Wesen den Samen der Buddhaschaft in sich tragen«[21].

Den Samen der Buddhaschaft in sich tragen ist nicht das gleiche wie von Anfang an der Buddha zu sein. In der tibetischen Tradition, von der dieser Meister geprägt war, legt man den größten Wert auf die *Entwicklung* der Buddhaschaft. Im Zen hingegen meditieren wir, um das zu erkennen, was schon immer wahr gewesen ist. Wir löschen alle Begriffe, Vorstellungen und theoretischen Hilfskonstruktionen, alle Selbsttäuschungen sowie jegliches Verhaftetsein aus – ganz im Sinne Hakuin Zenjis, der sagt: »Das Nirvana ist unmittelbar hier, direkt vor unseren Augen«[22]. Beide Wege erfordern Zeit und Mühe, aber hinsichtlich ihrer Grundeinstellung und ihrer Ziele unterscheiden sie sich.

Ein anderes Beispiel für die eschatologische Einstellung findet sich in den Schriften Jōdo Shinshus, der eine der Strömungen des Reines–Land–Buddhismus in Japan repräsentiert. Der typische Shinshu-Anhänger verehrt Amitabha Buddha, den Buddha des Unendlichen Lichtes und Lebens und glaubt, daß Amida oder Amitābha den Gläubigen zur Belohnung für dessen Verehrung nach dem Tod in das Reine Land aufnehmen wird. Viele Christen werden hier vielleicht Parallelen zu ihren eigenen Überzeugungen feststellen.

Das Arhat-Ideal

Im Buddhismus Süd- und Südostasiens gilt der *Arhat* als das höchste Ideal, als erleuchteter Eremit, der, wie Wu-men es ausdrückt, »allein im Universum wandelt«[23]. Dieser Zustand charakterisiert eine der tiefsten Erfahrungen:

> Ein Mönch fragte Pai-chang Huai-hai: »Was ist eine bewundernswerte Tat?«
> Pai-chang erwiderte: »Allein auf dem Ta-Hsiung-Gipfel zu sitzen«[24].

Auf dem Ta-Hsiung-Gipfel war Pai-changs Kloster gelegen. In seinem Kommentar zu dieser Geschichte führt Yasutani Roshi aus, daß Pai-chang stets alleine war. Er ging allein. Er aß allein. Er lachte allein. Im Gegensatz dazu ist der andere Aspekt der tiefsten Erfahrung die vollständige Vereinigung mit dem ganzen Universum, wie sie von dem Bodhisattva vorgelebt wird, dem Ideal des nördlichen Buddhismus, der zugunsten seiner Mitmenschen auf die Erleuchtung verzichtet. In der aufschlußreichen Antwort, die Pai-chang dem Mönch erteilt, wird sein Bodhisattva-Geist ebenfalls spürbar.

Wir dürfen indessen den Standpunkt des Arhat nicht mit unserer üblichen Selbsttäuschung verwechseln. Natürlich weiß der Arhat, daß er mit allem eins ist. Seine Position ist nur ein Teil der Wahrheit, wie der Standpunkt des Bodhisattva der andere Teil ist. Letztendlich sind diese beiden Aspekte eins beziehungsweise nicht einmal eins. Die übliche Selbsttäuschung beruht auf unserer egozentrischen Betrachtungsweise, die uns dazu veranlaßt, uns wechselseitig zu gebrauchen. Der Wirtschaftsboß sagt: »Den Mann kann ich gebrauchen.« Der Arbeitnehmer sagt: »Den Job kann ich gebrauchen.« Und so pflanzt sich das entsprechende Denken unablässig fort. Der Zen-Schüler in einem Übungszentrum sagt vielleicht: »Ich suche nach einem geeigneten Platz, um Zazen zu praktizieren.« Das ist eine ganz natürliche, unschuldige Feststellung, und doch kommt darin ein egozentrisches Interesse zum Ausdruck. Nach einiger Zeit der Übung würde die gleiche Person vielleicht sagen: »Ich möchte dazu beitragen, daß dieser Ort für Zazen geeignet ist.«

Die Richtung des Buddhismus, die den Arhat idealisiert, der Buddhismus Sri Lankas, Burmas, Thailands und anderer südostasiatischer Länder, wird als *Hīnayāna* oder »Kleines Fahrzeug« bezeichnet. Diese Lehre ist fälschlich dahingehend interpretiert worden, als bedeute sie, daß jeder sich nur um seine eigene Befreiung zu bekümmern habe. Diese Idee wird dann der Doktrin des *Mahāyāna* oder des »Großen Fahrzeugs« gegenübergestellt, derzufolge die Befreiung aller Wesen im Universum das Ziel ist. Diese tendenziöse Interpretation ist jedoch eine Erfindung der Mahāyāna-Anhänger, die durch diese Deutung ganz nebenbei demonstrieren, wie unschön es ist, sich seiner eigenen Großmütigkeit zu rühmen.

Wie wir bereits gesehen haben, ist sich der Arhat durchaus bewußt, daß er eins ist mit allen Erscheinungen des Universums. Dieses Wissen hat in den Ländern des südlichen Buddhismus, etwa in Sri Lanka, wo zwei der wichtigsten Universitäten des Landes von buddhistischen Mönchen geleitet werden, unübersehbare praktische Auswirkungen. Auch Waisen- und Krankenhäuser werden dort von Buddhisten geführt. Sarvodaya Shramadana, ein landesweites Dorfentwicklungsprogramm, ist ebenfalls durch buddhistisches Ideengut inspiriert. Vergleichbare buddhistische Bewegungen finden sich auch in Thailand, während es in Japan – einem Mahāyāna-Land – buddhistische Wohlfahrtsprogramme fast überhaupt nicht gibt. Die buddhistischen Universitäten Japans haben im allgemeinen außer »Theologie« nur wenig zu bieten, und das soziale Engagement der traditionellen Buddhisten beschränkt sich dort auf apologetische Verlautbarungen, die vor allem den Status der buddhistischen Gemeinde verteidigen. Eine rühmliche Ausnahme bilden nur die Untersekten des Nichiren-Buddhismus, etwa die Nichohonzan Myohoji, die sich aktiv für Frieden und soziale Gerechtigkeit einsetzen.

Westliche Religionswissenschaftler finden sich mit der vereinfachenden Verwendung der Begriffe Hīnayāna und Mahāyāna genausoleicht ab wie ihre Kollegen aus anderen Fachbereichen mit einem zutiefst sexistischen Sprachgebrauch. Es ist daher wichtig, daß wir uns diesbezüglich eine neue Disziplin auferlegen und nicht länger einen diskriminierenden Sprachgebrauch pflegen, sondern uns bemühen, zugleich den Anforderungen der Rhetorik und der Wahrheit zu genügen.

Das Bodhisattva-Ideal

Wenngleich das Bodhisattva-Ideal in seiner theologischen Ausgestaltung ein Produkt des nördlichen Buddhismus ist, so gibt es auch andere religiöse Traditionen, die der Mitmenschlichkeit einen hohen Stellenwert einräumen. Mutter Teresa, Mahatma Gandhi, A. T. Ariyaratne – Bodhisattvas gibt es in allen Religionen und Kulturen. Mein erster Meister, Senzaki Nyogen *Sensei*, pflegte uns etwa in gleicher Weise als »Bodhisattvas« anzusprechen, wie andere Leute sich mit »Meine Damen und Herren« an ein Publikum wenden. Er wollte damit jedoch nicht den Ehrentitel herabsetzen, sondern vielmehr an das Bodhisattva-Wesen in jedem einzelnen von uns appellieren.

Es gäbe kein amerikanisches Zen, wie wir es heute kennen, und auch kein Diamant-Sangha, wäre nicht Senzaki Sensei gewesen, der seit Anfang dieses Jahrhunderts mit einer kleinen Gruppe von Schülern mehr als fünzig Jahre lang zuerst in San Francisco, später in Los Angeles lebte. Senzaki Sensei hat uns allen die ganze Fülle seines Lebens gewidmet. Er war ein echter Bodhisattva, und es hat bereits vor ihm zahllose Bodhisattvas gegeben, die alle ihre ganze Energie zu unserem Wohl eingesetzt haben. Aber nur, wenn wir selbst danach streben, Bodhisattvas zu werden, wird hier und heute der Buddha-Dharma am Leben erhalten, so daß die Buddha-Lehre auch in Zukunft mehr sein wird als eine nur in Büchern oberflächlich festgehaltene Erinnerung.

Das Universum ist eins. Wie können wir erleuchtet sein, solange die anderen nicht erleuchtet sind? Der heilige Paulus hat gesagt: »Die ganze Schöpfung stöhnt und kreißt bis heute in unsagbarem Schmerz.« Das Wort kreißen bedeutet »in Geburtswehen liegen«. Wir alle sind an der großen Geburt des Universums beteiligt. Das ist der Weg, der in unseren Gelübden angesprochen wird:

> Obwohl die vielen Dinge ohne Zahl sind,
> gelobe ich, sie zu erretten.
> Obwohl Gier, Haß und Unwissenheit immer aufs neu ihr Haupt erheben,
> gelobe ich, sie in mir abzutöten.
> Obwohl der Dharma unermeßlich und unauslotbar ist,
> gelobe ich, ihn zu verstehen.
> Obwohl der Weg des Buddha unerreichbar ist,
> gelobe ich, diesen Weg ganz und gar zu verkörpern[25].

Ich habe gehört, wie Menschen gesagt haben: »Dieses Gelöbnis kann ich nicht sprechen, denn ich habe nicht die geringste Hoffnung, es erfüllen zu können.« So vergießt sogar Kanzeon, die Inkarnation der Gnade und des Mitgefühls Tränen, weil er nicht alle Dinge erretten kann. Niemand kann diese »Großen Gelübde« erfüllen, aber wir geloben, sie so gut wie möglich zu erfüllen. Sie sind unser Weg.

Am Anfang unserer Reise sind wir vielleicht unablässig mit unseren eigenen Problemen beschäftigt oder mit der Einstellung, die andere uns gegenüber an den Tag legen, oder mit unserem persönlichen Ehrgeiz nach religiösen Erfahrungen oder nach geistiger Führerschaft. Wenn wir die Schulung dann jedoch kontinuierlich fortsetzen, so kann es geschehen, daß unsere Motive sich »vertiefen«; dann können wir unsere persönlichen Interessen beiseite schieben und uns für unsere Brüder und Schwestern einsetzen.

Während der Lauf der Welt unaufhaltsam weitergeht, bietet nur das Bodhisattva-Ideal die Hoffnung auf ein Überleben der Menschheit oder auf ein Fortbestehen des Lebens auf diesem

Planeten überhaupt. Die drei Gifte Habgier, Haß und Unwissenheit zerstören bereits unser natürliches und unser kulturelles Erbe. Ich glaube, daß es uns nicht einmal mehr vergönnt sein wird, in Würde zu sterben, wenn es uns nicht gelingt, als Bürger dieser Welt eine radikale Bodhisattva-Haltung einzunehmen.

Die Vollkommenheit der Welt

Die Auffassung, daß alles seit Anbeginn den höchsten Grad der Vollkommenheit besitzt, entspricht dem Ideal des Arhat ebenso wie dem Ideal des Bodhisattva. Sie beruht auf der Erkenntnis, daß die wesenhaft vollkommene Welt identisch ist mit der Welt des Gelingens und Mißlingens, der Welt des Geborenwerdens und des Sterbens, unserer Welt der Ursachen und Wirkungen. Wir leben die Praxis des Zen als Arhats und als Bodhisattvas, um so zu erkennen, was schon immer die Wahrheit gewesen ist. In dem Ausspruch »Zazen selbst ist die Erleuchtung« brachte Dogen Zenji diesen fundamentalen Grundsatz zur Sprache.

Wenn wir unseren Atem zählen, ist diese Praxis Ausdruck der allen Dingen von jeher innewohnenden Vollkommenheit. Es besagt, daß »eins« die vollgültige Repräsentation des ganzen Universums ist. Daß »zwei« gleichermaßen die vollgültige Repräsentation des ganzen Universums ist. In gleicher Weise gilt dies für alle übrigen Zahlen der Sequenz.

Jeder Schritt auf diesem Weg ist eine Manifestation des Tathāgata. Bei jedem Schritt sind wir der Bodhisattva-Kanzeon mit seinen elf Köpfen und tausend Armen, der alle Wesen errettet. Irgendwer fragte einmal den koreanischen Zen-Meister Seung Sahn: »Wie kann ich alle Wesen erretten?« Seine Antwort lautete: »Sie sind bereits errettet.« Unsere »Großen Gelübde für Alle« sind bereits erfüllt.

Mozarts Musik ist bereits von himmlischer Schönheit. Wir spielen sie – zunächst unbeholfen, dann jedoch immer besser. Aber jede Note steht schon in absoluter Vollkommenheit da.

In gleicher Weise lenken uns beim Atemzählen immer wieder eitle Gedanken ab, und wir kehren trotzdem jedesmal wieder zu »eins« zurück. Was ist der Akt dieser geistigen Rückwendung anderes als die vollständige und vollkommene Zahl »eins«? An dieser Stelle könnte jemand vielleicht schlau einwenden: »Aber ist eine Verführungsphantasie nicht in sich ebenfalls vollständig und vollkommen?« Aber natürlich! Sie hat weder ein Zuwenig noch ein Zuviel! Wenn jemand meint, er müsse unbedingt dasitzen und sich eine Verführungsszene ausmalen, so soll er es um Himmels willen tun. Sein Tun ist dann zwar in der Theorie folgerichtig, ich aber möchte in der Praxis mit mir im Einklang sein.

Die Zen-Praxis ist nicht der einzige Weg, der grundlegenden Vollkommenheit der Welt inne zu werden. Innerhalb der Jōdo-Shinshu-Tradition gibt es die *Myōkōnin*, die »Erhabenen Reinen Menschen«, die, während sie »Namu Amida Butsu« rezitieren, nicht nur die Gewißheit erhalten, daß sie nach ihrem Tode im Reinen Land wiedergeboren werden, sondern daß das Reine Land identisch ist mit dem Boden, auf dem sie stehen, und daß Amitābha ihr eigenes Wesen ist. In dieser Auffassung klingt noch die Lehre nach, die Hakuin Zenji in seinem »Preisgedicht des Zazen« vertritt:

Dieser Ort ist das Lotus-Land
und ebendieser Leib der Buddha[26].

Wir finden die Lehre von der Identität des Himmels mit dem Hier und Jetzt sowohl in einigen abendländischen und nahöstlichen Traditionen wie auch im Zen-Buddhismus. Dabei handelt es sich um sogenannte dunkle respektive innere oder gnostische Lehren, die selbst von manchen der orthodoxen Eschatologen bisweilen verdammt werden. Dennoch haben sie bis heute ihre Anhänger. So stellen wir fest, daß sich die Predigten Meister Eckhardts und die Dichtungen Rumis und Kabirs durchaus im Einklang mit den Worten Hakuin Zenjis befinden.

Dennoch ist der eschatologische Standpunkt nicht ganz unproblematisch. Denn er fördert bisweilen die Neigung des einzelnen, sich in übertriebener Weise mit der Frage der menschlichen Sünde und Schwäche zu befassen und die Erleuchtung einer fernen, als vollkommen gedachten Zukunft zu überlassen.

Aber auch Hakuin Zenjis Worte lassen sich durchaus mißverstehen. Sie können nämlich eine Haltung begünstigen, die sich großzügig über eigene Unzulänglichkeiten hinwegsetzt und zu der antinomistischen Auffassung gelangt: »Ich bin erleuchtet, deshalb kann ich tun, was mir beliebt«. Von diesen beiden Einstellungen finde ich die Arroganz der vorgeblichen spirituellen Vollkommenheit die weitaus verderblichere. Hingegen kann ich mich leicht mit einem demütigen religiösen Menschen identifizieren, der am Tag auf den Feldern arbeitet und die Nacht im Gebet verbringt und dabei niemals auch nur den geringsten Zweifel daran hegt, daß die Herrlichkeit Gottes ihn eines Tages erwartet.

Die Schulen des Zen-Buddhismus

Die unterschiedlichen Haltungen, die wir Menschen gegenüber der religiösen Praxis einnehmen, bewirken automatisch eine Art von »Konfessionalisierung« innerhalb der einzelnen Religionen. Innerhalb des japanischen Zen gibt es drei solche Schulen: Rinzai, Sōtō und Ōbaku. Die Rinzai- und die Sōtō-Schule gelangten im späten zwölften und im dreizehnten Jahrhundert nach Japan. Die Ōbaku-Schule wurde, nachdem sich die Rinzai-Schule in China mit dem Amitābha-Pietismus vermischt hatte, nach Japan reimportiert. Sie ist ziemlich unbedeutend und von den beiden anderen Linien stärker abgespalten.

Sowohl die Rinzai- als auch die Sōtō-Linie, die in der Kamakura-Periode und kurz danach ihre Blütezeit hatten, erlebten im Laufe der Jahrhunderte einen allmählichen Niedergang. Hakuin Zenji reorganisierte im achtzehnten Jahrhundert die Rinzai-Schule und erfüllte sie mit neuem Leben, und heute stehen alle Rinzai-Zen-Meister in seiner Tradition, während alle übrigen Linien des Rinzai-Zen ausgestorben sind. Obwohl die Rinzai-Schule in den vergangenen hundert Jahren neuerlich einen Niedergang zu verzeichnen hatte und einige ihrer Haupttempel heute nur mehr Museen sind, steht sie gegenwärtig dennoch in zahlreichen Klöstern in Blüte.

Der Begründer des japanischen Sōtō-Zen war Dōgen Zenji, ein Lehrmeister, der sowohl für den Buddhismus im allgemeinen als auch für die von ihm begründete Tradition des Zen von überragender Bedeutung ist. Seit dem Ende seiner Lebenszeit läßt sich jedoch ein bereits Jahrhunderte währender stetiger Niedergang seiner Schule feststellen. Dennoch bringt diese Linie auch heute noch bisweilen außergewöhnliche Meister hervor, etwa solche Gestalten wie den kürzlich verstorbenen Suzuki Shunryū Roshi vom Zen-Zentrum in San Francisco, und unter den langjährigen Sōtō-Zen-Schülern entwickeln manche einen außerordentlich feinen Charakter, was auf die *Shikan-taza*-Übung oder das »reine Sitzen« zurückzuführen ist. Im modernen Sōtō-Zen spielt die Koan-Arbeit keine Rolle, und auch die Erleuchtung gehört nicht zu den Hauptanliegen dieser Tradition. Statt dessen liegt die Betonung auf dem bloßen Sitzen, auf Geistesgegenwart und dem Dienst am Nächsten.

Sanbō Kyōdan

Anfang dieses Jahrhunderts wurden Sōtō-Mönche, die sich innerhalb ihrer Schule einer Zen-Schulung zu unterziehen wünschten, im allgemeinen enttäuscht, weil ihnen diese Möglichkeit dort nicht zugänglich war. Mönche wie Watanabe Genshu, Koho Chisan und Harada Daiun schlossen sich daher Rinzai-Meistern an. Watanabe und Koho wählten Miyagi Sokai Zenji beziehungsweise Shaku Soen Zenji aus Kamakura zu ihren Meistern, und Harada ging zu Toyota Dokutan Zenji in Kyoto. Nach Abschluß ihres Rinzai-Trainings kehrten diese drei Mönche in den Schoß der Sōtō-Gemeinde zurück, nur Harada Roshi ergriff Maßnahmen, um das Training innerhalb seines Klosters zu reformieren und die Koan-Arbeit in die Übungspraxis einzuführen.

Der von Harada Roshi für Zen-Schüler – die an der Erkenntnis ihres Selbst-Wesens interessiert sind – angebotene Zazen-Schulungskurs beginnt im allgemeinen mit dem Koan *Mu*, obwohl bisweilen auch ein anderes Koan benutzt wird. Im Anschluß daran folgen eine Reihe ausgewählter Koan, deren

Sinn es ist, der Übungspraxis eine ganz bestimmte Perspektive zu vermitteln, und schließlich vier Koan-Anthologien – zwei Bücher, die im allgemeinen der Rinzai-Schule, und zwei, die der Sōtō-Linie zugeordnet werden. Eine fünfte Koan-Sammlung dient der »Auffrischung« von Einsichten, die bereits während der Koan-Schulung gewonnen wurden, und der Erkenntnis der wesentlichen Fundamente der buddhistischen Grundanschauungen.

Die von den Lehrmeistern Harada, Yasutani Hakuun und Yamada Koūn begründete Schule ist aus einer Laienbewegung hervorgegangen und auch als *Sanbō Kyōdan* oder »Orden der drei Kostbarkeiten« bekannt geworden. Es handelt sich dabei um eine unabhängige Richtung des Zen-Buddhismus, die sich eine Wiederbelebung der von Dōgen Zenji begründeten Tradition zum Ziel gesetzt hat. Ihr Gründungskloster ist das *Sanun Zendo* in Kamakura. Weitere Zentren gibt es auf Hokaido, in Osaka, in der Wakayama-Präfektur, in Kyushu, München, Hawaii und Manila.

Der Diamant-Sangha ist das auf Hawaii gelegene Zentrum. Er unterhält seinerseits Schwester-Zentren im australischen Sydney (The Sydney Zendo) und im kalifornischen Nevada City (The Ring of Bone Zendo). Das Zen-Zentrum in Los Angeles ist mit dem Sanbō Kyōdan durch seinen Lehrer Maezumi Hakuyū Roshi verbunden, der ein Schüler Yasutani Roshis gewesen ist und gleichermaßen Elemente traditioneller Rinzai- und Soto-Linien in die Praxis einbringt.

Der nächste Schritt

Jetzt möchte ich gerne eine weitere Art der Meditation vorstellen. Dabei verzichtet der Übende auf das Zählen. Er beobachtet nur den eigenen Atem, wie er ein- und ausströmt. Er läßt alle Gedanken an sich vorüberziehen, bis nur mehr der Atem übrigbleibt. Wie Suzuki Shunryu Roshi zu sagen pflegte, ist der Atem wie eine im Wind auf- und zuschwingende Tür: Nichts geht hinein, und nichts geht hinaus.

VI DIE DREI KOSTBARKEITEN

Die drei Kostbarkeiten oder Juwele sind der Buddha, der Dharma und der Sangha. Das Zeremoniell, in dem sie als unsere Zuflucht anerkannt werden, steht in ähnlicher Weise im Mittelpunkt des zenbuddhistischen Lebens, wie die Heilige Kommunion den Mittelpunkt des religiösen Lebens eines Katholiken bildet. Man nennt dieses nicht nur für den Zen-Anhänger, sondern für alle Buddhisten bedeutende Ritual *Ti Sarana Gamana* oder die »Dreifache Zuflucht«. Man kann diese Zeremonie in allen buddhistischen Tempeln Süd- und Südostasiens, in der Diaspora des tibetischen Buddhismus, in Taiwan, Hongkong, Korea und Japan beobachten.

Der Buddha

Das erste Juwel ist der Buddha. Mit diesem Namen ist natürlich in erster Linie Shakyamuni, der historische Begründer des Buddhismus gemeint; diese Interpretation erschöpft jedoch nicht den ganzen Sinngehalt des Namens »Buddha«. Er bezeichnet ebenfalls eine Reihe mythischer Gestalten, die Vorgänger Shakyamunis gewesen sind, sowie Dutzende archetypischer Figuren aus dem buddhistischen Pantheon. Des weiteren schließt er sämtliche großen Lehrer unserer Tradition ein – etwa Bodhidharma, Hui-neng, Ma-tsu, Pai-chang, Chao-chou, Yün-men, aber auch solche japanischen Würdenträger wie Dōgen und Hakuin sowie unsere eigenen Meister. Aber damit noch nicht genug: Er bezeichnet nicht nur solch herausragende Figuren, sondern gleichermaßen jeden Menschen, der sein wahres Wesen erkannt hat – all die Hunderttausende von Mönchen, Nonnen und Laien der buddhistischen Geschichte, die den Baum des Lebens und des Todes geschüttelt haben.

In einem tieferen und zugleich alltäglichen Sinn ist jeder von uns Buddha. Wir haben es möglicherweise noch nicht erkannt, aber das ändert nichts an der Tatsache. Shakyamuni hat ausgerufen: »Alle Wesen des Universums sind Tathāgata.« Solche buddhistischen Aussagen klingen oftmals sehr erhaben, aber die von ihnen angesprochene Wirklichkeit schließt auch Würmer und Nesseln nicht aus. Das ganze Universum ist Erleuchtung.

Das menschliche Individuum, so wie es sich in diesem Stadium der Weltevolution vorfindet, hat die Chance, den Tathāgata zu erkennen. Das ist eine wundervolle Möglichkeit, heißt aber nichts weiter, als daß wir die Dinge erkennen können, wie sie sind.

Als Hakuin Zenji in seinem »Preislied des Zen« schrieb: »Alle Wesen sind in ihrem wahren Wesen Buddha«, verwendete er die japanische Übersetzung des Wortes »Buddha« – *Hotoke*. Es gibt im Japanischen auch eine Transliteration des Wortes »Buddha«, nämlich *Butsu;* diese Bezeichnung hat jedoch in erster Linie sektiererische oder rein formale Bezüge. Hotoke bedeutet zwar Buddha, hat aber auch einen ähnlichen Sinn wie im griechisch-römischen Sprachgebrauch der Antike das Wort »Götter«. Shibayama Zenkei Roshi weist in seinem Buch *A Flower Does Not Talk* darauf hin, daß Hakuin Zenji einen radikalen Standpunkt eingenommen habe, als er in der vorstehend zitierten Feststellung den Begriff Hotoke statt Butsu oder einer der mit Butsu gebildeten Zusammensetzungen gewählt habe – denn damit sei ausgedrückt, daß letztlich alle Wesen ihrer Natur nach Götter seien[27]. Wenn das nicht »erhaben« ist!

Wenngleich alle Wesen in der Tat Tathāgata sind, so ist es bestenfalls eine Selbsttäuschung, dies selbstgefällig auszusprechen oder auch nur zu denken. Ein erleuchteter Mensch weiß zwar um diese »Tatsache«, aber er fixiert sich innerlich nicht auf solch täuschende Worte wie »Buddhaschaft«. Deshalb passiert es immer wieder, daß der erleuchtete und der gewöhnliche Mensch zwar die gleichen Worte verwenden, nicht jedoch das gleiche meinen.

Eine volkstümliche japanische Redensart lautet: »Der gewöhnliche Mensch ist der Buddha.« Tatsächlich hat Nan-ch'üan P'u-yüan, eine der großen Persönlichkeiten der T'ang-

Periode behauptet: »Das alltägliche Denken ist der Weg«.[28] Die meisten Zen-Anhänger führen ein unspektakuläres Leben und sind bestrebt, sich nicht von ihren Mitmenschen zu unterscheiden. Deshalb vermeiden sie es, in eine Unterhaltung spezifische Zen-Wörter einfließen zu lassen oder sich in irgendeiner Form »elitär« zu betragen. Sie weigern sich, das Spiel des Weisen oder Frommen zu spielen. Aber sie wissen, daß alle Dinge einschließlich ihrer selbst zugleich völlig leer und mit Energie geladen sind. Dieses Bewußtsein ist Buddha. Es zu erreichen bedarf harter Arbeit.

Der Dharma

Die zweite Kostbarkeit ist der Dharma. Dieser Dharma ist das unermeßliche und unauslotbare Universum, das einerseits leer und andererseits mit Formen angefüllt und in sich vollendet ist. Diese beiden Aspekte werden indessen nur aus Gründen der Darstellung auseinandergerissen. In Wirklichkeit ist der Dharma zugleich leer und von Wesenheiten und Dingen überquellend.

Der schöpferischen Leere entspringen jedoch eine Fülle der Lebensformen, die Elemente unseres Universums. Deshalb bezeichnet das Wort *Dharma* auch die phänomenale Welt. Selbst Gedanken und das auf dem Weg der Deduktion gewonnene Wissen über unsere Welt sind Dharma.

Der Buddha-Dharma ist die buddhistische Lehre vom Universum. Tausende von Büchern und Millionen von Wörtern bilden in ihrer Gesamtheit den Dharma in diesem Sinne des Wortes. Der Begriff bedeutet gleichermaßen »die Wahrheit des Buddhismus«. Wir sagen, daß Shakyamuni, wann immer er lehrte, das Rad des Dharma drehte.

So ist der Dharma also der Weg, und in der Tat wird das Wort im Chinesischen häufig mit »Tao« wiedergegeben. Tao ist wiederum ein Begriff mit einer eigenen Bedeutungsfülle. Im klassischen Buch des Taoismus, dem *Tao Te Ching*, heißt es: »Der Weg, dem man folgen kann, ist nicht der wahre Weg«.[29] Wir folgen deshalb nicht dem Weg des Buddha, sondern wir leben und »praktizieren« den Weg, den er sichtbar gemacht hat, wir leben den Dharma.

In der chinesischen und japanischen Schrift wird »Dharma« mit dem gleichen Ideogramm bezeichnet wie »das Gesetz«. Das entspricht in der Tat der ursprünglichen Bedeutung des Wortes im Sanskrit. Wenn wir uns diesen Zusammenhang verdeutlichen, so können wir verstehen, wie die Menschen Süd- und Südostasiens Dharma als Weltgesetz und als Gesetz der Erscheinungswelt auffassen. Der Buddhist macht keinen Unterschied zwischen dem Buddha-Dharma und dem gewöhnlichen Dharma. Beide sind gleichermaßen Dharma – das eine Mal werden sie von einem buddhistischen Lehrer hinsichtlich ihrer spirituellen Bedeutung interpretiert, ein anderes Mal von einem Astronomen oder Dichter, dann wieder von einem Stein oder einem Vogel.

Vereinfacht ausgedrückt kann man sagen: Das Wesen der Dinge ist, daß sie sich bewegen. Tatsächlich ist es nicht übertrieben zu behaupten, daß die Dinge nichts weiter sind, als was sie bewirken beziehungsweise mit sich geschehen lassen – sie befinden sich in einem ständigen Prozeß des Agierens und Reagierens mit andern Dingen. Der Stein steckt in der Erde, seine statische Qualität verdankt er jedoch ausschließlich dem Auge des ungeduldigen menschlichen Beobachters, denn der Stein befindet sich in einem Prozeß beständigen Agierens und Reagierens mit dem Erdboden, in dem er steckt, mit Wind, Sonnenschein und Regen. Die Dinge der Erscheinungswelt sind keine Substantive, sondern Verben. Alles und jedes offenbart aktiv das Gesetz des Universums wie auch seines individuellen Seins. Aber was ist dieses Gesetz? Das Gesetz ist das Handeln und die Unvermeidlichkeit von dessen Konsequenzen. Was ich hier sage, ist vielleicht nicht so tiefschürfend und bedeutungsvoll, aber es wird wie der Klang einer vollkommen gegossenen Glocke durch alle Zeiten weiterhallen und Veränderung auf Veränderung bewirken.

Ebendies ist das Karma – die Aktivität des Dharma selbst. Viele Leute haben einen sehr abergläubischen Begriff von der Bedeutung dessen, was hier Karma genannt wird. Sie glauben, es bezeichne den Mechanismus, der uns zwingt – ob wir es wollen oder nicht –, für die schlechten Taten, die wir uns in der Vergangenheit einschließlich unserer vergangenen Leben haben zuschulden kommen lassen, zu bezahlen. Dies wäre allerdings richtig, sofern wir Automaten wären, die aufgrund festgesetzter Kontrollmechanismen blindlings auf Umweltreize reagieren. Diese Auffassung des Karmabegriffes ignoriert jedoch völlig das Wesen des individuellen Seins, in dem die universelle Natur zum Ausdruck gelangt. Jeder von uns befindet sich mit jedem beliebigen Geschehen des jeweiligen Augenblicks in einem Zustand der Interaktion. Alle »Phänomene« der Vergangenheit, Gegenwart und Zukunft sind in diese Interaktion eingewoben, und jede einzelne Tat ist eine schöpferische Selbstoffenbarung des ganzen Universums.

Infolge unserer Selbsttäuschung und inneren Fesseln sind wir im Normalfall unfähig, aus unserem leeren und zugleich wirkmächtigen Wesenskern heraus zu handeln. Unsere inneren Fesseln bestehen nach dem Verständnis des Buddha darin, daß wir blind auf vergangene Wirkungen reagieren. Wenn ich geschlagen werde, so schlage ich zurück. Wenn meine Eltern mich geschlagen haben, so schlage ich meine Kinder. Die »Befreiung vom Karma« ist nicht eine wundersame Auslöschung der Vergangenheit, sondern vielmehr die Freiheit, auf vergangene Geschehnisse nicht blindlings reagieren zu müssen. Wenn ich geschlagen werde, so brauche ich nicht zurückzuschlagen. Ich kann das Wissen um die angemessene Reaktion aus dem Universum in mich einfließen lassen, sofern mein Geist ruhig und leer ist. Im *Cheng Tao Ko* heißt es:

> Dem Erwachten erscheinen karmische Hindernisse von Grund auf leer,
> der Unerwachte muß dagegen alle seine Schulden begleichen[30].

Das heißt natürlich nicht, daß wir warten müssen, bis uns die vollständige Erleuchtung zuteil geworden ist, bevor wir uns von dem Zwang, blind zu reagieren, befreien können, und es bedeutet ebensowenig, daß wir uns für ungerechtes Verhalten nur deshalb nicht zu entschuldigen bräuchten, weil wir Zazen praktizieren. Es bedeutet letztlich nur, daß wir den Kummer und den Schmerz, die wir in dieser Welt ausgelöst haben, nicht als Last zu empfinden brauchen. Wir erkennen den Kummer und den Schmerz und die Verantwortung, die wir dafür tragen, nicht nur vor uns selbst, sondern auch vor unseren Mitmenschen offen an. Bevor wir bei uns im Diamant-Sangha das Sūtra-Ritual begehen, rezitieren wir regelmäßig das »Reinigungs-Gātha«:

> All das böse, seit ältesten Zeiten von mir erzeugte Karma,
> ein Verzeichnis meiner Gier, meines Hasses und meiner Unwissenheit, die ohne Anfang sind,
> aus meinem Körper, meinem Mund, meinen Gedanken geboren –
> hier nun bekenne ich es freimütig und rückhaltlos[31].

Dieses Gātha stellt für manche Menschen ein ähnliches Problem dar wie die »Großen Gelübde für Alle«. Wie kann ich all den Unrat, den ich je erzeugt habe, in vier einfachen Versen bekennen und mich so davon befreien. Ich kann es nicht. Aber dieses Bekenntnis erweckt in mir ein Bewußtsein, das weder befleckt noch rein ist und sich in einem Zustand fortwährender Ruhe befindet.

Solange wir dieses Gātha aus tiefstem Herzen wiederholen, können wir gar nicht blind reagieren. In der buddhistischen Literatur finden sich zahlreiche Berichte über Menschen, die sich schrecklicher Verbrechen schuldig gemacht hatten, die aber durch ernsthaft geübtes Zazen von ihren karmischen Fesseln frei wurden und Erleuchtung und die Ruhe des Herzens erlangten.

Und noch eines: Karma ist nur ein Wort. Ich habe einmal jemanden sagen hören: »Ich bin hier wegen des karmischen Gesetzes.« Das ist nicht der Fall. Der Apfel ist nicht wegen des Gesetzes der Schwerkraft neben Newton auf den Boden gefallen. Das »Naturgesetz« ist nur etwas, was wir über das jeweilige Phänomen aussagen. Viele Menschen machen etwas, was sie Karma nennen, für ihr Mißgeschick verantwortlich.

Wenn wir begreifen, daß Karma nichts weiter ist als ein Wort, so verstehen wir auch, daß die Trennung von Ursache und Wirkung eine Fiktion ist. Alles ist Ursache – und alles ist

Wirkung. Als Chu-chi den Finger erhob, war das ein in sich – von jeglicher Vergangenheit oder Zukunft völlig unabhängiger – vollkommener Akt. Zugleich aber hatte er seine bis in die entfernteste Vergangenheit zurückreichenden Ursachen und wird bis in die fernste Zukunft seine Wirkungen entfalten.

Hat es eine Ursache, daß dem Leser dieses Buches ausgerechnet dieser Titel in die Hände gefallen ist? Ja – dieser Umstand ist das Ergebnis von 84 000 Einflüssen. Und setzt die Lektüre des Buches selbst wiederum neue Ursachen? Ja – im Guten wie im Schlechten. Und ist das vorliegende Buch drittens ein in sich vollkommener Zweck? Auch das – ob das allerdings für mich spricht, ist eine andere Frage.

Unser Zazen ist genau das – mit jedem Atemzug ist es ein in sich vollkommenes Geschehen. Keinem unserer Atemzüge fehlt auch nur das geringste, und keiner weist ein Übermaß auf. Und zugleich ist auch ein Fortschritt zu verzeichnen: Schritt für Schritt wird unser Zazen immer reiner, bis wir schließlich unseres wahren Wesens inne werden. Am Ende können wir diese Erleuchtung in unser Alltagsleben einbringen, und all ihre spezifischen Spuren werden verschwinden. Das ist der karmische Schritt-für-Schritt-Aspekt des Zazen.

So kann man also den Begriff »Karma» durchaus als Umschreibung des Wortes »Dharma« betrachten und »Dharma» seinerseits als einen Begriff mit unendlich vielen Bedeutungsvarianten. In letzter Hinsicht ist der Dharma die Natur in ihrem reinen, klaren Wesen selbst. Und er tritt als Form dieser unendlichen Leere ins Dasein. So heißt es etwa in dem Herz-Sūtra: »Leere ist nichts anderes als Form ..., Leere ist absolut identisch mit Form.«[32] Die Lehre des Buddha, das karmische Gesetz und die Erscheinungsformen der phänomenalen Welt selbst – sie alle sind Juwele einer leeren Unendlichkeit, einer unendlichen Leere. Der Psalmist David hat dies auf seine Weise ausgedrückt:

> Die Himmel lobpreisen Gottes Herrlichkeit,
> und das Firmament ist ein Zeichen seiner Kunst.

Der Sangha

Ursprünglich leitet sich das Wort »Sangha« von einer Sanskrit-Wurzel her und bedeutet soviel wie »eine Menge«, »eine Gesamtsumme«. Zunächst wurde es nur auf die Jünger des historischen Buddha angewandt. Als sich in der Folge der Buddhismus als Religion etablierte, erhielt es die Bedeutung »Priesterschaft«. In einigen Strömungen des zeitgenössischen Buddhismus bezieht sich das Wort nach wie vor ausschließlich auf eine Gruppe von Mönchen oder Nonnen. Aber im Zen hat Sangha immer mehr bezeichnet als den Klerus oder eine Gruppe von Gläubigen oder auch die Buddhisten in ihrer Gesamtheit. Sangha bezeichnet in der Tat die Verwandtschaft aller Dinge, aller einzelnen Wesen dieses Universums untereinander sowie aller vergangenen, gegenwärtigen und zukünftigen »Universa« unendlich vieler Dimensionen. Auf die Erleuchtung dieses totalen Sangha sind unsere Gelübde gerichtet.

Einmal fuhren Anne Aitken und ich gemeinsam mit Nakagawa Roshi in das kalifornische Ojai-Tal und führten unseren Gast dort umher. Als er einen mit Gras bewachsenen Hügel erblickte, der über und über mit Felsen besät war, rief er aus: »O, wie viele Brüder sehe ich!« Jeder Stein ist ein Bruder, jeder Baum, jede Maus, jeder Wurm in unseren Eingeweiden.

Ich wurde einmal von jemandem gefragt: »Was ist eine Wesenheit?« Ich erwiderte: »Eine quadratische Gleichung.« Später wandte sich der Betreffende noch einmal an mich und wollte wissen: »Wie kann ich eine quadratische Gleichung erretten?« Ich antwortete: »Indem du sie in den Sangha aufnimmst.«

Wir erlösen alle Wesen, indem wir sie in den Sangha aufnehmen. Der sechste Große Patriarch, Hui-neng, erklärte das erste der Großen Gelübde so: »Obwohl die vielen Dinge ohne Zahl sind, gelobe ich, sie in meinem Geist zu erretten«.[33]

Unser Geist enthält bereits von Anfang an alle Wesen. Sie sind bereits erlöst. Es obliegt uns jedoch als Sangha, dieses Faktum in unserem und in allen Herzen bewußtzumachen.

Innerhalb des universellen Sangha gibt es viele Sanghas. Der Buddha-Sangha ist einer davon. Er ist der Familien-Clan aller

Buddhisten. Der Sangha der Zen-Buddhisten ist ein anderer. Der unmittelbare Sangha des Schulungszentrums ist wieder ein anderer. Aus dem Schoß der Familie ziehen wir in die Welt hinaus. Als eine Familie der Zazen-Schulung kultivieren wir einen größeren Garten.

Im Schulungszentrum müssen wir zwischen verschiedenen organisatorischen Alternativen wählen. Unser Vorbild ist dabei das Netz des Indra – jeder Knoten ist ein menschliches Individuum, das ganz und gar sein eigenes Juwel ist und keinem anderen Menschen gleicht. Gleichzeitig ist jedes dieser Juwele eine Reflexion jedes anderen. Wenn wir all unser Geld, unsere Zeit und unsere Energie zusammenfügen, so ignorieren wir das Individuum. Falls wir uns jedoch nur darauf einigen können, daß wir zwar alle in einem Haus leben, jedoch jeder ganz unabhängig agieren kann, dann ignorieren wir die Gemeinschaft. Einen Teil unseres Geldes müssen wir für die laufenden Ausgaben des Tempels bereitstellen, einen anderen Teil für persönliche Zwecke behalten. Einen Teil unserer Zeit und Energie stellen wir dem Gemeinschaftsleben zur Verfügung, einen anderen Teil widmen wir unseren persönlichen Angelegenheiten. Dies alles zur allgemeinen Zufriedenheit zu regeln, erfordert Flexibilität und wechselseitiges Wohlwollen, und die entscheidenden Prinzipien sollten allen klar sein.

Wer sich auf einen bestimmten Stil festlegt, schwebt in der Gefahr, sektiererisch zu werden. Die drei Gifte Gier, Haß und Unwissenheit können unter solchen Umständen leicht zu unseren wichtigsten Kriterien werden, und wir entwickeln möglicherweise die Neigung, uns genauso exklusiv zu gebärden wie jede beliebige Klasse, Rasse oder Nationalität. Unsere ganze Welt ist gefährdet, weil die Nationen sich nicht dazu durchringen können, ihren Nationalismus zu überwinden. Einige Leute fragen mich immer wieder, wieso ich in periodischen Abständen Sesshin für Christen veranstalte. Meine Antwort: »Um ihnen dabei behilflich zu sein, bessere Christen zu werden.« Aber es gelingt mir nicht immer, mich diesbezüglich verständlich zu machen.

Eine andere Geschichte, die wir mit Nakagawa Roshi erlebten, ist die folgende: Vor einigen Jahren hielten Anne und ich uns in dem Häuschen seiner Mutter auf und hörten eine Aufnahme mit gregorianischen Chorälen an. Bevor er die Platte auflegte, erklärte der Roshi einem Mönch, der ihn begleitete: »Auf diese Weise rezitieren die abendländischen Mönche ihre Sūtras.« Zwischen den Zeilen war aus dieser Bemerkung deutlich herauszuhören, daß er sich des Unterschiedes zwischen der östlichen und der westlichen Tradition sehr wohl bewußt war. Es klang etwa so, als wolle er sagen: »Wir haben unseren Sangha, und sie haben ihren Sangha; aber indem wir allen Wesenheiten das Wahre-Wesen vor Augen führen, erfüllen wir gemeinsam unsere Pflicht. Wir alle bilden einen Sangha. Oder wie Nakagawa Roshi es bei einer anderen Gelegenheit ausdrückte: »Wir sind alle Mitglieder der gleichen Nasenloch-Gesellschaft.«

Schließlich ist es wesentlich, den Sangha als die zwischen dem Buddha und dem Dharma bestehende Harmonie anzuerkennen. Grenzenlose Leere, die voller Entwicklungsmöglichkeiten steckt, hat ihre Form in den in Erscheinung tretenden und sich dann wieder verflüchtigenden Dingen der sichtbaren Welt. Das ist die fundamentale Wahrheit des Buddhismus: »Gestalt ist Leere und Leere Gestalt.« Die moderne Physik ist gerade dabei, auf den ihr eigenen komplizierten Wegen sich zu dieser Erkenntnis vorzuarbeiten. Der Sangha ist unsere Realisierung dieser Harmonie, dieser Einheit, dieser undifferenzierten Kraft des Unbekannten und Unkennbaren, und er ist ebenso gut ihr Ausdruck wie der Gesang der chinesischen Drossel. Wir alle – jeder von uns – sind der Tathāgata. In jeder unserer Aktivitäten bringen wir jene Harmonie zum Ausdruck, wenn wir am Morgen aufstehen und uns ankleiden oder wenn wir uns zu einem Mahl niedersetzen. Die ganz gewöhnliche Bedeutung des Sangha-Geistes, das heißt jedweder Gemeinschaft, verdankt sich dieser Intimität mit dem jeweiligen Geschehen selbst.

Die dreifache Zuflucht

Zu Beginn unserer Sūtra-Rezitation singen wir in Pali das »Ti Sarana Gamana«:

Buddham saranam gachchami,
dhammam saranam gachchami,
sangham saranam gachchami[34].

Wenn wir bei der Rezitation dieses Gātha die liturgische Sprache des Südlichen Buddhismus verwenden, so folgen wir dem Beispiel Senzaki Nyogen Senseis, der immer zu zeigen bemüht war, daß der Buddhismus ein einziger Strom und nicht in getrennte Sekten geschieden ist.

Die übliche Übersetzung des »Ti Sarana« lautet:

Ich nehme meine Zuflucht zum Buddha,
ich nehme meine Zuflucht zur Lehre,
ich nehme meine Zuflucht zur Gemeinschaft.

Diese Übersetzung ist gewiß akademisch korrekt, aber es ist wichtig, die Pali-Wörter genau zu untersuchen, so daß wir uns auch der Bedeutungsebenen bewußt werden, die in der Übersetzung nicht zum Tragen kommen.

Die drei Wörter, die jeweils den Anfang der drei Verszeilen bilden, sind gebeugte Formen von Buddha, Dharma und Sangha. »Saranam« ist eine gebeugte Form von Sarana, was soviel bedeutet wie Schutz, Schirm, Heimstatt, frei gewählte Zuflucht. »Gachchami« ist die Flexion eines Verbes mit der Bedeutung »hingehen« oder »versprechen«. Die Übersetzung der ersten Zeile des »Ti Sarana« würde demnach lauten: »Ich verspreche, meine Heimstatt in Buddha zu nehmen.« Die drei Verse ähneln somit mehr einem Gelöbnis als einem Gebet. Die Bedeutung der Verse ist also etwa, daß wir, indem wir unsere Heimstatt in Buddha, dem Dharma und dem Sangha nehmen, uns von blinder Konditionierung befreien und die wahre Natur der phänomenalen Welt erkennen können. Wenn wir einen Tag der Zazen-Praxis deshalb mit dem »Ti Sarana« beginnen, so erneuern wir unsere Hingabe an den Weg der Erleuchtung, der Zen-Praxis und des Mitempfindens.

Im Sino-Japanischen wird das »Saranam gachchami« mit *kie* übersetzt, was soviel heißt wie »sich zuwenden« oder »sich verlassen auf«. *Ki* oder die Rückkehr bedeutet aber auch, »sich hinneigen«, »sein Ziel haben in« und schließlich »gehören zu«.

Diese Übersetzung verdeutlicht, daß der Buddha, der Dharma und der Sangha bereits unsere Heimstatt und wir ihnen ergeben sind. Mit ihnen als Heimstatt sind wir frei vom Kreislauf des Karma, der uns an den Wiederholungszwang des Actio-Reactio-Mechanismus bindet.

Wenn sich uns in der geistigen Schau das innerste Wesen des Wahren-Wesens erschließt, so nehmen wir unsere Zuflucht zum Buddha. Wenn wir den Garten der Erleuchtung pflegen, so nehmen wir unsere Zuflucht zum Dharma. Wenn wir die Früchte dieses Gartens mit andern teilen, so nehmen wir unsere Zuflucht zum Sangha. Yasutani Roshi sagt: »Das ›Ti Sarana Gamana‹ bildet das Fundament und den ganzen Reichtum des Buddha-Tao«.[35]

Die Drei Kostbarkeiten und die Zen-Schulung

Grundsätzlich ist alles von Anfang an der Erleuchtung teilhaftig, und unsere Aufgabe im Rahmen der Zen-Schulung ist es, dieses Faktum immer tiefer und klarer geistig zu durchdringen. Hakuin Zenji behauptet in seinem »Preislied des Zen«, daß die Pāramitās (Gebefreudigkeit, Sittlichkeit, Geduld, Energie und Meditation) alle im Zazen ihre Heimstatt finden. Wie ich bereits an anderer Stelle erklärt habe, bedeutet Pāramitā »Vollkommenheit«, daß heißt die Verwirklichung der Buddhaschaft. Wir erlangen die Buddhaschaft durch tiefes Zazen, persönliche Gespräche mit dem Meister, sogenannte Dharma-Gespräche, die Teilnahme an Seminaren, deren Gegenstand die Lehre ist, durch Lesen, soziale Interaktion, Berufsarbeit und durch alle Lebensaktivitäten, die wir im Schulungszentrum sowie zu Hause entfalten. So finden wir unsere Heimstatt in Buddha.

Einige Menschen suchen das Schulungszentrum nur auf, um an gelegentlichen Tagungen teilzunehmen oder während der Sesshin-Periode Zazen zu üben. Andere leben vielleicht ganz in einem solchen Zentrum und befassen sich dort mit Zazen oder mit ihrer Berufsarbeit, oder sie gehen einer externen Arbeit nach oder besuchen untertags ein College und widmen sich nur am Abend und am frühen Morgen Zazen. Aber ob man nun ein Vollmitglied der Gemeinschaft ist oder nur im Schulungszentrum wohnt, eines kann man in beiden Fällen: nämlich gemeinsam mit den Schwestern und Brüdern jeden einzelnen Augenblick als ein Dharma-Juwel kultivieren.

Im *Enmei Jikku Kannon Gyō* (dem »Zehn-Vers-Kanzeon-Sūtra vom Ewigen Leben) heißt es: »Nen nen ju shin ki/ Nen nen fu ri shin« – »Gedanke auf Gedanke steigt auf in unserem Geist;/ Gedanke auf Gedanke ist nicht von unserm Geist getrennt«[36]. »Gedanke auf Gedanke« – genau das ist das Wesen unseres Geistes. Wenn dieses »Gedanke auf Gedanke« harmonisch mit anderen Menschen zusammenwirkt, mit Tieren, Pflanzen und Dingen, so befinden wir uns mit unserer jeweiligen Tätigkeit in völliger Übereinstimmung und gleichermaßen mit dem Wechsel von einer Aufgabe zur nächsten. Wir leben dann in völliger Vereinigung mit dem Dharma unseres Tages. Wir erfüllen diesen Dharma mit Energie; wir führen ihm aus unbekannten Quellen immer neue Energie zu. Wir finden unsere Heimstatt im Dharma und wirken mit an der Erfüllung der großen Aufgabe unserer Welt.

Yasutani Roshi pflegte zu sagen: »Die grundlegende Selbsttäuschung der Menschheit beruht in der Annahme, daß ich hier und du dort draußen bist.« Während er »hier« sagte, zeigte er auf sich selbst, und bei »dort draußen« wies er mit dem Finger auf seine Zuhörer und machte so die für egozentrische Menschen selbstverständliche Trennung zwischen Subjekt und Objekt, Mensch und Mensch augenscheinlich. Indem wir gemeinsam im Schulungszentrum leben oder zu Hause oder im Schulungszentrum zusammen mit anderen Zen-Schülern, die einer externen Beschäftigung nachgehen, lernen wir, eine solche Selbstbezogenheit zu korrigieren. Natürlich bietet auch die alltägliche Arbeitswelt zahlreiche Gelegenheiten, diesen Zustand der Unwissenheit zu überwinden, aber die Grundlage unserer ausschließlich auf Erwerb gerichteten Gesellschaft bildet das dunkle Geheimnis, daß wir uns zwecks Befriedigung unserer wechselseitigen Habgier verschworen haben, um letztlich nur unserer eigenen Gier Genugtuung zu verschaffen. Eine ungeschriebene Ideologie und das immer wiederkehrende Beispiel verlangen von uns in den meisten Situationen des alltäglichen Arbeitslebens, daß wir uns möglichst wenig um die Bedürfnisse der andern scheren. Als Anhänger des Zen ist es jedoch unsere Aufgabe, im Zusammenhang der Gesellschaft, in der wir leben, einer derartig egozentrischen Einstellung einen von Liebe getragenen Widerstand entgegenzusetzen.

In Zen- ebenso wie in anderen religiösen und humanistischen Gemeinschaften wird in Wort und Tat eine Lebensanschauung praktiziert, die einen Gegenpart bildet zu all der Gier, all dem Haß und all der Unwissenheit, die uns normalerweise umgeben. Wir sind uns wahrhaft bewußt, daß wir mit allen belebten und unbelebten Wesenheiten des Universums einen einzigen Organismus bilden. Gemeinsam erfüllen wir diese Erkenntnis sowohl individuell wie auch als Gruppe mit Leben, und zwar im Rahmen des engeren Sangha, im Kreis unserer Nachbarn und in der Welt überhaupt. Und so finden wir im Sangha eine wahre Heimstätte.

Der nächste Schritt

Jetzt möchte ich den Leser mit einer weiteren Variante des Zazen bekannt machen. Diese Übung heißt Shikantaza oder auch das »reine Sitzen«. Es ist die reifste Variante des *Sitzens* und im allgemeinen nur für die erfahrensten Schüler zu empfehlen. Dennoch sollte jeder Zenschüler eine ungefähre Vorstellung davon haben, was Shikantaza eigentlich ist. Überdies gibt es einige Menschen, für die Shikantaza von Anfang an die beste Übungsmethode ist.

Nachdem der Übende seine Atemzüge ein bis zwei Sequenzen lang gezählt hat, *sitzt* er da und betrachtet die leere Bühne seines Geistes. Er ruht ganz und gar in seinen Knochen und in seinen inneren Organen. Weder Gedanken noch Zahlen, noch bestimmte Leitideen erfüllen seinen Geist. Er tut schlicht sein Bestes und bemüht sich, einige Übungsperioden »erfolgreich« zu absolvieren.

VII DIE ZEHN GEBOTE DER SITTLICHEN ZUCHT

Die Gemeinschaft der in einem Zen-Zentrum lebenden Menschen ist ein mikrokosmisches Abbild aller Wesen, unbelebten Dinge und aller unsichtbaren Elemente der unbekannten Dimensionen. Einen tiefen Sinn des Sangha verwirklichen wir, indem wir harmonisch mit unseren Brüdern und Schwestern leben, mit denen gemeinsam wir Tag für Tag Zazen praktizieren. Diese Harmonie wird umrißhaft auch sichtbar in den Zehn Geboten der sittlichen Zucht, wie sie von den Töchtern und Söhnen des Buddha anerkannt werden.

Die Gebote als Ausdruck der Liebe

Auf den ersten Blick mag es so erscheinen, als seien die zehn Gebote – den gleichnamigen christlichen und jüdischen Vorschriften vergleichbar – negativ definierte Verbote. Aber sie schreiben uns nicht vor: »Du sollst nicht ...«, sondern sie konstatieren eher: »Es gibt kein ...« Das heißt, im Geist gibt es kein Töten, kein Stehlen und so fort. Und das heißt nicht nur, daß wir nach der Reinheit unseres eigenen Geistes streben sollten, sondern daß es in dem Geist, der identisch ist mit dem Universum, dem Buddha-Geist, seit Anbeginn niemals so etwas wie Töten, Stehlen und so fort gegeben hat. In einigen der Kommentare, die der Dōgen Zenji über die Zehn Hauptgebote verfaßt hat, heißt es zwar: »Du sollst nicht«, aber diese Interpretation bezieht sich ganz klar auf die spezifische Zen-Schulung. Sofern wir zu der Erkenntnis gelangen möchten, daß es letztendlich im Geist so etwas wie Töten nicht gibt, so brauchen wir nur das Töten zu unterlassen.

Aber ungeachtet des ihnen mitunter anhaftenden Befehlstones sind moralische Anrufe dennoch Ausdruck der Liebe. Es kann durchaus eine Liebestat sein zu sagen: »Tu das nicht!« Egal ob man die Zehn Hauptgebote als Ausdruck unserer Einheit mit allen Wesenheiten betrachtet oder als Mittel der moralischen Vervollkommnung, in jedem Fall offenbart sich in ihnen ein tiefes Mitgefühl, so daß wir sagen können, die Zehn Hauptgebote seien ganz einfach zehn verschiedene Möglichkeiten, Liebe zu zeigen.

In den Zehn Hauptgeboten ist die Erkenntnis des von Natur aus gegebenen Guten sprachlich fixiert. Dieses Gute ist jedoch nicht das Gegenteil des Schlechten. Vielmehr ist es Selbst- oder Buddha-Wesen. Alle Wesen sind von Natur aus Buddha – nur ihre Selbsttäuschungen, ihre selbstauferlegten Fesseln hindern sie daran, für diese Tatsache Zeugnis abzulegen. Die Gebote befreien uns aus den Fesseln des ichbezogenen Selbstbetrugs und führen uns zu der dem Buddha eigentümlichen uneingeschränkten und vollkommenen Erkenntnis der Wahrheit und der Ausübung eines ebenso grenzenlosen Mitgefühls. Sie weisen uns den Weg zur Verwirklichung unseres eigenen Buddha-Wesens.

Die Anwendung der Gebote

Historisch gesehen richteten sich die Zehn Hauptgebote der sittlichen Zucht und die im achtfachen Pfad aufgestellten Forderungen sowie die übrigen buddhistischen Regeln der Lebensgestaltung an die Jünger des Shakyamuni Buddha. Sie wurden »individualistisch« verstanden und sollten gewährleisten, daß am Ende alle Wesenheiten der Erlösung teilhaftig würden. Und tatsächlich wurden zugleich mit der Erleuchtung jedes einzelnen Jüngers alle Wesenheiten errettet. Der Buddha sprach sich allerdings gleichermaßen ganz entschieden gegen das Kastensystem aus, und in seiner Lehre ist bereits ausdrücklich die Rede davon, wie sinnlos es ist, Kriminalität durch Bestrafung unterdrücken zu wollen; ebenso wies er bereits auf den Zusammenhang zwischen Armut und Kriminalität hin und auch auf die Bedeutung der ökonomischen Sicherheit für jeden einzelnen Menschen. Zu seiner Zeit bestand noch nicht die Gefahr, daß der Konkurrenzkampf von Nationen die ganze

Welt in die Luft zu sprengen drohte. Er brauchte sich noch nicht mit der Wahrscheinlichkeit eines biologischen Holocaust auseinanderzusetzen. Auch waren ihm die berechtigten Forderungen der Frauenbewegung noch nicht bekannt. Ich frage mich manchmal, was er heute wohl sagen würde.

In der westlichen Welt gibt es eine klare Vorstellung von unserer persönlichen und kollektiven Verantwortung für die Rechte des Individuums und das Wohlergehen aller. Dieses Bewußtsein wurde von Locke und Rousseau sowie von anderen Philosophen im achtzehnten Jahrhundert erstmals geweckt und während der beiden folgenden Jahrhunderte in den demokratischen Gesellschaften Europas und der beiden Amerika weiterentwickelt. Als abendländische Buddhisten stützen wir uns einerseits auf eine Tradition der sozialen Verantwortung, die von Moses, Jesus und Platon geschaffen wurde, und auf der andern Seite auf eine Überlieferung, die von mönchisch lebenden Yogis, Taoisten und Buddhisten ebenso gepflegt wurde wie von den Einrichtungen des Konfuzianismus, und deren hehrstes Ziel ein Höchstmaß an Rechtschaffenheit gewesen ist. Wegen dieser Synthese von zwei grundverschiedenen Traditionen ist es unvermeidlich, daß ein abendländischer Buddhist auch ein neues Verständnis der Zehn Hauptgebote mitbringt.

Aber auch im Osten werden erste Anfänge eines neuen buddhistischen Gesellschaftsvertrages sichtbar. So hat es sich etwa die von buddhistischen Grundsätzen ausgehende Sarvodaya-Shramadana-Bewegung in Sri Lanka zum Ziel gesetzt, in den Dörfern des Landes für ein neues Selbstbewußtsein zu arbeiten, für einen Ausbau des öffentlichen Gesundheitswesens, für die Schaffung einer Infrastruktur und schließlich für die Förderung der Künste und des Handwerks. Der monastische Buddhismus andererseits verzeichnet gegenwärtig einen unübersehbaren Niedergang. Und der reformierte Buddhismus verwässert die authentischen Wahrheiten der Gründer-Meister in einem Maße, daß das Gift des nackten Erwerbssinnes westlicher Prägung in den Blutkreislauf des Buddha-Dharma selbst eindringen kann. Es ist wichtig, daß wir diese Veränderung verstehen.

Die Zehn Gebote der sittlichen Zucht

1 Das Gebot des Nicht-Tötens. Obwohl wir alle sterben und geboren werden, gibt es in letzter Hinsicht weder Geburt noch Tod. Wenn wir jedoch den Geist töten, der dieses Faktum erkennen kann, so verstoßen wir gegen dieses Gebot. Wir töten diesen Geist in uns selbst, wann immer wir mit Menschen, Tieren oder mit den natürlichen Schätzen dieser Erde grausam umgehen. Mitunter ist bereits ein zufälliger Blick oder ein beiläufiges Wort grausam und verletzend. Grausamkeit bedarf nicht unbedingt eines Knüppels oder einer Bombe.

Krieg und andere Handlungen organisierter Gewalt, einschließlich der gesellschaftlichen Unterdrückung, stellen massive Verletzungen dieses Gebotes dar. Es entbehrt nicht einer gewissen Ironie, daß ein Mensch bisweilen mit den Gefühlen seiner Freunde und Nachbarn äußerst behutsam umgehen kann, während er zugleich eine »Pflicht« erfüllt, deren »Erfüllung« unmittelbar weitreichendes Leid verursacht.

Am andern Ende der Skala finden wir jainistische Mönche, die sogar ihr Trinkwasser filtern, um darin schwimmende Mikroorganismen nicht zu verletzen. Neuere Untersuchungen haben gezeigt, daß Karotten und Kohlpflanzen Reaktionen zeigen, sobald sie abgeschnitten oder entwurzelt werden. Was bleibt uns da zu tun? Die Antwort lautet, so glaube ich, daß wir in einem Geist der Dankbarkeit und Großzügigkeit unsere Nahrung zu uns nehmen. Ich habe einmal gehört, wie jemand Alan Watts fragte, warum er Vegetarier sei. Er erwiderte: »Weil Kühe lauter schreien als Karotten.« Diese Antwort kann uns als Richtlinie dienen. Manche Leute weigern sich, rohes Fleich zu essen. Andere trinken keine Milch. Wieder andere essen, was auf den Tisch kommt, kaufen aber selbst kaum tierische Produkte. Jeder von uns muß diesbezüglich seinen eigenen Weg finden und dabei seine eigene wie die Gesundheit und das Wohlbefinden anderer Wesen berücksichtigen.

2 Das Gebot des Nicht-Stehlens. Es gibt weder Diebstahl, noch gibt es etwas, was man stehlen könnte. Wer besitzgierig denkt, verstößt gegen dieses Gebot. Ein Mensch, der stiehlt, ist in seiner Liebe fehlgeleitet und verspürt ein Bedürfnis nach dem Besitz anderer. Ein solcher Mensch muß sich für den Diebstahl, den er begeht, eine Art Rechtfertigung zurechtlegen, sich selbst von seiner Unschuld überzeugen, obwohl wir doch alle von Anfang an unschuldig sind. Und bei dieser ursprünglichen Unschuld sollten wir in Treue verharren!

Wir leben in einer erwerbsorientierten Gesellschaft, so daß es uns unmöglich ist zu überleben, sofern wir nicht wenigstens indirekt an Akten des Diebstahls beteiligt sind. Dagegen sind wir hilflos. Wir können nur bei uns selbst beginnen und ein echtes Mitgefühl für alle Geschöpfe und Dinge zum Ausdruck bringen. Obwohl auch das Pflücken einer Blume bereits eine Art Diebstahl ist, pflücken wir sie dennoch in ähnlicher Weise, wie wir die für uns lebensnotwendige Nahrung akzeptieren.

Analog dem Gebot des Nichttötens hat auch das »Nichtstehlen« zwei Anwendungsbereiche: den Buddha-Sangha im engeren Sinn und unsere alltägliche Arbeitswelt. Was der Buddha im »achtfachen Pfad« hinsichtlich des »rechten Lebenserwerbs« ausgeführt hat, verlangt von uns ein Leben minimaler Ausbeutung. Aber unsere Konsumgewohnheiten führen zu einer massiven und unerbittlichen Ausbeutung von Menschen, Tieren, Bäumen, von Erde, Wasser und Luft. Wenn Menschen sich in einer Gemeinschaft zusammenfinden und sich darauf verständigen, daß es ihr gemeinsames Ziel sei, mit der Energie des Universums schonend umzugehen und seine Wesen und Elemente zu schützen, so erhält dieses Gebot gewaltigen Auftrieb.

3 Das Gebot des Nicht-Mißbrauchs der Sexualität. Der Geist – der universelle Geist, das tiefste Wesen des menschlichen Geistes also – ist reine, leere Unendlichkeit. In dieser Dimension gibt es nichts, was man sexuelle Ausbeutung nennen könnte. Aber wir verdunkeln diese Reinheit durch die Wolken des Begehrens und durch das Ersinnen immer neuer Möglichkeiten der sexuellen Befriedigung. Die Sexualität ist Anteilnahme, sobald sie jedoch zu einem Gebrauchsartikel herunterkommt, ist sie pervers – sie ist dann nicht nur ein Verstoß gegen dieses, sondern auch gegen die beiden ersten Gebote. Denn in einem solchen Fall enthält sie Elemente der Grausamkeit und ist im übrigen »Diebstahl« an anderen Menschen. Einem Dieb vergleichbar ist ein Mensch, der zufällige sexuelle Begegnungen sucht, häufig bestrebt, sich etwas Fremdes einzuverleiben. Eine andere Variante des Gelegenheitssex hat ihre Ursache darin, daß der Betreffende dem Selbst als dem Agenten des Dharma nicht genügend Vertrauen schenkt. Ein solches Sexualverhalten ist damit eine unaufrichtige Anteilnahme beziehungsweise Prostitution.

Menschen, die in einer überstrengen katholischen Umgebung aufgewachsen oder eine Zeitlang Anhänger Yoganandas oder eines anderen Hindu-Meisters gewesen sind, treten manchmal mit solch hohen Reinheitsidealen an den Zen-Buddhismus heran, daß dieser Anspruch in der Praxis des Zazen echte Probleme aufwirft. Ein Mensch, für den die sexuelle Reinheit ein ernsthaftes psychologisches Problem darstellt, hat meistens nur mehr wenig Energie übrig für Zazen. Die Sexualität als solche ist weder rein noch unrein. Unsere Einstellung zu ihr kann entweder dem Zazen hinderlich oder förderlich sein. Wenn zwei Menschen einander wahrhaft zugetan sind, so kann die sexuelle Erfüllung, die sie einander bereiten, für ihr Zazen durchaus eine echte Stütze sein.

4 Das Gebot des Nicht-Lügens. Wahrhaftigkeit ist unter allen Umständen die erste und wichtigste Loyalitätsverpflichtung, die uns gegenüber dem Geist auferlegt ist, und ebenso gegenüber der Leere, der Gleichheit und der Einmaligkeit aller einzelnen Dinge. Dieser unendlich tiefe und erhabene Geist manifestiert sich in der Erscheinungswelt als Reichtum und Mannigfaltigkeit der Formen. Das Bestreben, die Wirklichkeit der Erscheinungswelt zu bestreiten oder an dieser Wirklichkeit herumzumanipulieren und somit bestimmte Ausschnitte der Wirklichkeit zu verdunkeln, verstößt gegen dieses Gebot. Denn im Gefolge solcher Bestrebungen entstehen Strukturen der Rechtfertigung und ganze Wort- und Gedankennebel, die den Buddha-Dharma verdunkeln.

Sollte jedoch ein moralisch fehlgeleiteter Mensch an unserer Tür läuten, weil er einen Menschen verfolgt, der sich in unserer

Wohnung verbirgt, so dürfen wir lügen und behaupten, der Gesuchte sei nicht bei uns. Ein solches Verhalten befindet sich in absoluter Übereinstimmung mit diesem Gebot, denn es würde nur der allen Zehn Geboten innewohnenden Forderung entsprechen, daß es unsere Aufgabe ist, alle Wesen zu erretten, das Gift unschädlich zu machen, den Dharma zu erkennen und den Buddha-Weg einzuschlagen.

5 *Das Gebot des Nicht-Umgangs mit Drogen.* Dieses Gebot betraf ursprünglich nur alkoholische Getränke, aber natürlich bezieht es sich auf alles, was unsere Wahrnehmung trübt. Somit würden auch übermäßiger Fernsehkonsum oder unsinnige Gespräche gegen dieses Gebot verstoßen. Den meisten Menschen ist es ganz unmöglich, nach dem Genuß auch nur eines Glases Bier oder nach einem einzigen Zug an einer Marihuana-Zigarette noch echtes Zazen zu praktizieren. Deshalb sind Alkohol und andere Rauschmittel in den Schulungszentren des Diamant-Sangha untersagt. Die diesbezüglichen Regeln lauten: »Kein Besitz, kein Verkauf oder Verschenken, kein Konsum.« Eine Ausnahme machen wir bisweilen, wenn wir einen Ehrengast zu Besuch haben und aus diesem Anlaß eine kleine Party veranstalten.

Bei solchen Gelegenheiten öffnen wir schon einmal eine Flasche Wein. Aufgrund langjähriger Beobachtung habe ich festgestellt, daß Zen-Schüler, die während einer urlaubsbedingten Abwesenheit von unserem Sangha zur Entspannung Marihuana rauchen, anschließend beim Zazen häufig Schwierigkeiten haben. Deshalb dränge ich jetzt auf völlige Abstinenz von dieser Droge.

Auch der Tabakgenuß kann in einem Schulungszentrum Probleme aufwerfen. Die Raucher werden durch ihre Angewohnheit immer wieder abgelenkt; die Nichtraucher ihrerseits empfinden den Tabakgeruch häufig als störend und fühlen sich aus dem Kreis der Raucher ausgeschlossen. In letzter Hinsicht ist alles leer und Teil einer einzigen Wirklichkeit, aber wir dürfen nicht vergessen, daß bestimmte Voraussetzungen notwendig sind, damit man zur Erkenntnis dieser grundlegenden Wahrheit überhaupt gelangen kann.

6 *Das Gebot, nicht über die Fehler anderer zu sprechen.* Jedes Individuum ist in einem Entwicklungsprozeß begriffen, und eine sogenannte Schwachstelle ist möglicherweise genau der Punkt, in dem der betreffende Mensch seinen größten »Wachstumsschub« machen kann. Dieses Wachstum können wir auf verschiedenste Weise fördern, aber der übliche Tratsch gelangt über Binsenwahrheiten und Halbwissen meist nicht hinaus und zieht so zwischen dem Unvollkommenen und dem Rest der Menschheit eine Trennungslinie. Dieses Geschwätz macht uns aber auch blind gegenüber dem Reifungsprozeß, der sich für den betreffenden Menschen gerade in der Auseinandersetzung mit der von uns verurteilten Schwäche vollzieht.

Wenn beispielsweise einer unserer Freunde bereits angesichts der leichtesten Provokation wütend wird, so besteht durchaus die Möglichkeit, daß es ihm gelingen wird, diesen Jähzorn mit zunehmender Reife in einen berechtigten Widerstand gegenüber gesellschaftlichem Unrecht umzuwandeln. Aber falls wir einen solchen Menschen mit dem Etikett »jähzornig« versehen, so behindern wir möglicherweise den Reifungsprozeß unseres Freundes, indem wir ihn unter einen Rechtfertigungszwang setzen. Möchten wir hingegen dazu beitragen, daß der Tathāgata erkannt wird, so sollten wir unserem Freund immer wieder eine Chance einräumen.

7 *Das Gebot, sich nicht selbst zu loben und andere nicht zu verunglimpfen.* Das siebte Gebot ist eine Ausweitung des sechsten. Es verweist uns darauf, wie sehr wir immer wieder in Gefahr schweben, uns gegenüber einer grundlegenden Wahrheit zu verschließen, nämlich gegenüber der Wirklichkeit, daß jeder von uns ein in sich völlig autonomes Individuum und zugleich als Teil des gigantischen kosmischen Organismus mit allem eins ist. Woher rührt jedoch unsere Neigung, gegen dieses Gebot immer wieder zu verstoßen?

Diese Neigung rührt daher, daß wir dem Selbst als dem »Agenten« des Dharma nicht genügend Vertrauen entgegenbringen. Deswegen sind wir bestrebt, in einem möglichst guten Licht zu erscheinen, um uns solchermaßen auf Kosten der andern zu rechtfertigen.

Das schließt nicht aus, daß wir auch einmal andere »zur Ordnung« rufen dürfen. Wenn beispielsweise jemand während Zazen Lärm macht, so helfen wir der Praxis des Zazen selbst, indem wir den Betreffenden an die Regeln erinnern. Die Gebote sind keine engen Vorschriften; sie verlangen sogar einen ausgewogenen Sinn für Verhältnismäßigkeiten.

Gegen das sechste und siebte Gebot verstoßen wir am leichtesten. »Alle haben einen Knall, außer dir und mir natürlich, und selbst du bist schon ein seltsamer Vogel.« So isolieren wir uns von den andern und verfallen in die schwerwiegendste menschliche Täuschung überhaupt.

8 Das Gebot, den Überfluß des Dharma nicht eigensüchtig zurückzuhalten. Mit »Dharma« sind in diesem Zusammenhang die Lehre des Buddha und alle übrigen Dinge gemeint. Die Wahrheit ist in überreichem Maße um uns herum offenbar. Wann immer wir durch egozentrisches Gerede und Verhalten diese Tatsache verdunkeln, verstoßen wir gegen dieses Gebot.

Von Selbstbezogenheit frei sein heißt, einen offenen und großzügigen Geist besitzen und die in dem Gefäß des Buddha enthaltenen Kostbarkeiten sowie andere Dinge, die zeitweilig in unsern Besitz gelangen, freimütig mit andern teilen. Maezumi Roshi hat dies Gebot knapp so zusammengefaßt: »Sei nicht geizig«[37]. Aber dennoch hat jeder von uns bestimmte Rechte. So könnte ich beispielsweise einem Bekannten helfen, eine Schreibmaschine zu erwerben, aber der andere kann nicht einfach in mein Arbeitszimmer gehen und dort meine Schreibmaschine entwenden. Die brauche ich nämlich selbst für meine Arbeit.

9 Das Gebot, sich nicht von Gefühlen der Wut mitreißen zu lassen. Im Grunde genommen gibt es natürlich überhaupt keine Wut und auch niemanden, der wütend sein könnte, aber unter den relativ anstrengenden Bedingungen der Zen-Schulung brechen mitunter alte Traumata wieder auf, so daß wir manchmal von einer Welle der Wut fortgerissen werden. Dagegen kann man nichts machen. Wut und Ärger sind Emotionen, und Emotionen sind Ausdruck der Vitalität. Sobald wir spüren, daß

Gefühle in uns aufsteigen, die nicht durch ein äußeres Geschehen wirklich gerechtfertigt sind, können wir ihnen ihre Spitze nehmen, indem wir uns eingestehen: »Das ist mein eigener Fehler.«

Gelegentlich erheben wir jedoch unsere Stimme und nehmen einen strengen Gesichtsausdruck an. Wenn es die Umstände wirklich verlangen und auf diese Weise die Zazen-Praxis eines Schülers tatsächlich vorangebracht werden kann, so verstößt dieses Verhalten nicht gegen das Gebot. Falls wir jedoch unserer Wut beständig und ohne Rücksicht freien Lauf lassen, so reißen wir zwischen uns und anderen nur immer neue Gräben auf, statt uns mit ihnen in ein wahrhaft gutes Einvernehmen zu setzen.

Der Wut eng verwandt sind Haß und Groll, die gleichsam eine Perpetuierung der Wut darstellen und irgendwie dem Selbstwertgefühl Auftrieb geben, genau wie Habgier der Selbstsucht Nahrung gibt und das Festhalten an Irrtümern uns vor einer Beschädigung unseres Selbstbildes schützt. Haß ist ein Gefühl, das Menschen auf Dauer entzweit und Verstöße gegen sämtliche Gebote sowohl gebiert als auch gerechtfertigt erscheinen läßt und jedwede Möglichkeit des Mitempfindens erstickt.

10 Das Gebot, niemals über die Drei Kostbarkeiten zu lästern. Buddha, Dharma und Sangha werden natürlich durch üble Nachrede nicht im geringsten tangiert. Ja, man kann sogar sagen, die üble Nachrede selbst ist identisch mit den Drei Kostbarkeiten. Aber es bedarf des Auges eines Erwachten, dies wahrzunehmen. Die mutwillige Lästerung der Erleuchtung, des Weges und der Gemeinde vermag jedoch die Begeisterung ernsthafter Schüler zu beeinträchtigen und sie auf ihrem Weg zur Erleuchtung mit erheblichen Hindernissen zu konfrontieren.

Tratsch und Geschwätz können das zarte Gewebe des Sangha selbst in Mitleidenschaft ziehen. Auch ein unangemessenes Benehmen kann schädlich sein. Jeder Zenschüler ist das geistige Oberhaupt des Sangha und beeinflußt alle übrigen Schüler. Zen-»Veteranen« tragen natürlich eine besonders große Verantwortung. Ihr Tun hat bedeutende Auswirkungen auf die in einem Schulungszentrum herrschende Atmosphäre, und dementsprechend erstrahlen oder verfinstern sich die drei Juwele in unser aller Geist.

Diskretion

Eine Verhaltensregel möchte ich den klassischen Geboten noch hinzufügen, und zwar das Gebot des Stillschweigens über die eigene Zen-Praxis. Auf die Bedeutung dieser Regel wird in allen Schulungszentren hingewiesen, und dennoch wird gerade gegen sie immer wieder verstoßen.

Es gibt kaum etwas, was einen Zen-Schüler mehr irritiert, als zu hören: »Der Roshi hat das und das zu mir gesagt.« Die entsprechenden Worte waren nur an diesen Schüler gerichtet und können auf einen anderen Menschen durchaus verwirrend wirken. Handelt es sich um zustimmende Worte, so stellt eine solche Indiskretion meistens den Versuch da, einen Mitschüler zu demütigen. Wir sollten daher immer bestrebt sein, auf die Gefühle anderer Rücksicht zu nehmen, und die Erfahrung, die wir im Zusammenhang mit der Zen-Schulung machen, für uns behalten.

Wenn wir hinsichtlich unserer Zazen-Erfahrungen Stillschweigen üben, so vermeiden wir, daß Konkurrenzverhalten und elitäres Denken sich im Sangha ausbreiten. Wir brauchen nicht darüber zu reden, welche Koan wir bereits gemeistert haben, weil wir den Wunsch verspüren, uns als Zen-Schüler auszuweisen. Solche Dinge sollte man für sich behalten und nur mit sich selbst und dem Meister austragen.

Natürlich kann Diskretion auch in Geheimnistuerei ausarten, so daß verwirrende Spekulationen von der eigentlichen Zen-Praxis ablenken. Wenn irgend jemandem beim Zazen »Erfolgserlebnisse« beschieden sind, so bleibt das ganz sicher nicht lange unbemerkt. Es besteht auch kein Anlaß, es zu leugnen. Auch hier brauchen wir wiederum ein feines Empfinden für Verhältnismäßigkeiten.

Zen und Ethik

Ich habe gelegentlich das Argument zu hören bekommen, Zen gebe sich mit dem ethischen Aspekt unseres Tuns gar nicht erst ab, da diese Lehre von uns verlange, wir müßten uns existentiell in einer Dimension verankern, in der Begriffe wie »gut« und »böse« ohne Belang seien.

Aber gäbe es tatsächlich keinerlei Verbindung zwischen unserer Erfahrung der Einheit und zugleich Einmaligkeit aller Wesen im Universum und der Lebenspraxis, so wäre Zen nur eine in Abgeschiedenheit vollzogene mechanische Übung oder genauer gesagt: der Weg des Todes. Yamada Roshi sagt: »Der Zweck des Zen ist die Vervollkommnung des Charakters.« Zen ist ein Weg, unseres Selbst-Wesens gewahr zu werden – und nur in der von Harmonie getragenen Auseinandersetzung mit den Problemen unserer Alltagswelt kann die Praxis den Zen sich bewähren. Im Zen-Schulungszentrum sind alle Bedingungen gegeben, denen wir auch in der Alltagswelt ausgesetzt sind. Wer hier das menschlich Richtige tut, auf den ist auch sonst Verlaß.

In diesem Zusammenhang muß ich an die Geschichte des »Vogelnest-Roshi« denken. Er war ein Meister, der in der T'ang-Zeit lebte und in einem Baum Zazen übte. Der Gouverneur der Provinz, Po Chü-i, hörte von »Vogelnest-Roshi« und suchte ihn eines Tages auf. Dieser Po Chü-i war kein gewöhnlicher Politiker. Er war einer von Chinas größten Dichtern und wegen seiner Äußerungen über den Zen-Buddhismus wohlbekannt.

Po Chü-i traf »Vogelnest-Roshi« in dessen Baum Zazen praktizierend an. Er rief zu ihm empor: »O, Vogelnest, du hast da oben einen ziemlich unsicheren Platz.«

Vogelnest-Roshi blickte zu Po Chü-i hinab und erwiderte: »O, Gouverneur, du hast da unten einen ziemlich unsicheren Platz.« Alle Dinge unterliegen dem Gesetz der Veränderung, und politischer Rang ist das Vergänglichste von allem. Po Chü-i wußte ganz genau, was Vogelnest-Roshi meinte. So versuchte er es auf eine andere Tour.

»Sag mir«, erklärte er, »was haben eigentlich all die Buddhas gelehrt?« Vogelnest-Roshi antwortete ihm mit einem Zitat aus dem *Dhammapada:*

> Tue stets das Gute;
> tue niemals Böses;
> halte deinen Geist rein und unbefleckt;
> das haben alle Buddhas gelehrt.

Po Chü-i wiederholte nun: »Tue stets das Gute; tue niemals Böses; halte deinen Geist rein und unbefleckt – all das wußte ich bereits, als ich drei Jahre alt war.«

»Ja«, sagte Vogelnest-Roshi. »Ein dreijähriges Kind mag das wohl wissen, aber selbst ein achtzig Jahre alter Mann ist unfähig, es in die Praxis umzusetzen«[38].

Die Vollkommenheit unseres Charakters bemißt sich nach dem Grad, in dem es uns gelungen ist, unseren Geist zu reinigen. Aber wie Hui-neng gesagt hat: Bereits ein gewöhnlicher Gedanke genügt, um aus uns (wieder) gewöhnliche Menschen zu machen[39]. Die Zen-Schulung im täglichen Leben ist nichts anderes als die Zen-Praxis auf dem Meditationskissen: In beiden Fällen müssen wir unsere gewöhnlichen Gedanken von Gier, Haß und Unwissenheit reinigen und uns wiederum unserem ursprünglichen ungetrübten Geist zuwenden. Genau wie die Zen-Schulung im allgemeinen ist auch die Wandlung des Charakters eine Lebensaufgabe. Um noch einmal Yamada Roshis Worte zu wiederholen: Zenschulung ist Charaktervervollkommnung.

VIII DIE PRAXIS DES ZEN

Im Mittelpunkt der Zen-Praxis steht die Verwandlung eines Menschen, der das Buddha-Wesen noch nicht kennt, in einen Wissenden, der das wahre Wesen der Dinge erkannt hat. Dieser Prozeß verlangt von uns, daß wir die Illusion eines Selbst aufgeben und eins werden mit dem Gegenstand der Meditation. In der Geschichte des Zen-Buddhismus ist nur der Gründer Shakyamuni Buddha selbst ohne die geringste Anleitung durch einen Meister zur Erleuchtung gelangt. Der sechste Große Patriarch, Hui-neng, und einige wenige andere Menschen von Genie wuchsen in einer von erleuchtender Kraft durchdrungenen kulturellen Umgebung auf und bedurften nur der Anerkennung der ihnen zuteil gewordenen Erleuchtung durch einen echten Meister. Wir übrigen sind auf die Anleitung durch einen Meister angewiesen. Meiner Ansicht nach sind Menschen, die behaupten, es gehe auch ohne Meister, noch nicht wirklich bereit, Zazen zu beginnen.

Die Bedeutung des Roshi

Es ist wichtig, sich von vornherein einen angemessenen Begriff von der Funktion des Roshi zu machen. Zunächst einmal: Der Titel »Roshi« bedeutet ganz einfach »alter Lehrer«. Diese Anrede ist einerseits Ausdruck der persönlichen Zuneigung und Verehrung und hat andererseits die Bedeutung eines offiziellen Titels. Sie charakterisiert jedoch nicht den *Guru*, und es ist wichtig, diese Unterscheidung genau festzuhalten.

Der Roshi hat für den Schüler die Funktion eines Führers, der ihn durch ein unbekanntes Land geleitet. Auch der Anführer einer Expedition im tropischen Regenwald muß von den Teilnehmern ein bestimmtes Betragen verlangen, und aus vergleichbaren Gründen besteht nun der Roshi ebenfalls auf der Einhaltung bestimmter Übungsregeln. Es ist ja das erklärte Ziel des Zazen, unser alltägliches Selbst in dem Akt der Vereinigung mit dem Zählen des Atems oder dem Koan außer Funktion zu setzen, und der Roshi steht uns bei diesem Bestreben zur Seite und ermutigt den Schüler, sich auf diese Erfahrung der Selbstlosigkeit einzulassen. Wenn die Fesseln des Selbst dann tatsächlich von uns fallen, so kann das eine wundervolle Erfahrung sein. Der Roshi ermutigt nun den Schüler, diese Erfahrung in ihrer ganzen Bedeutung zu verstehen und so zu lernen, wie er sie in alle Lebensbedingungen einbringen kann.

Der Guru ermutigt den Schüler ebenfalls, das Selbst loszulassen, dieses Loslassen geschieht jedoch in einem Akt der Identifikation mit dem Guru selbst. Der Guru ist allmächtig, und obwohl er sich möglicherweise tatsächlich bemüht, den Schüler zur inneren Unabhängigkeit zu ermutigen, so hat der Dharma unter solchen Umständen unvermeidlich einen bestimmten Namen und ein bestimmtes Gesicht, und der Schüler kann keine echte Freiheit erlangen.

Vielleicht ist meine Darstellung der Guru–Schüler–Beziehung nicht für alle Fälle zutreffend, aber ich möchte in diesem Zusammenhang das Hauptanliegen eines Roshi dahingehend charakterisieren, daß es sein Wunsch ist, jeder Mensch möge sich bis an die Grenzen seiner Möglichkeiten entwickeln. Der Roshi hat keinerlei Interesse daran, sich vergöttlichen zu lassen, und er lehnt es ab, auf einen Sockel gestellt zu werden.

Die Bedeutung des Vertrauens für die Roshi–Schüler–Beziehung

Genau wie man dem Anführer einer Expedition vertrauen muß, will man einen unbekannten Dschungel unbeschadet durchqueren, so ist auch unser Vertrauen in den Roshi von grundlegender Bedeutung. Dies dient nicht der Verherrlichung des Roshi, sondern ist eine Angelegenheit von außerordentlicher Tragweite für den Schüler. Ohne dieses Vertrauen ist Zazen nichts weiter als eine sterile Konzentrationsübung, die keinerlei inneren Bezug zu einer echten Erleuchtungserfahrung hat. Unter solchen Umständen kann der Schüler niemals genügend Selbstvertrauen aufbringen, um loszulassen.

Es verhält sich ähnlich wie mit einem noch unerfahrenen Turmspringer. Der Trainer sagt: »Los, mach einen Kopfsprung vom Zehnmeterturm.« Sofern der Sportler dem Trainer Vertrauen entgegenbringt, ist es ihm – wenigstens auf dieser Ebene – möglich, loszulassen. Falls nicht, so bleibt ihm nichts weiter als der Rückzug. Der Roshi hat wie jeder andere Mensch seine Schwächen. Aber wenn wir unser Vertrauen in den Roshi setzen, so heißt das noch lange nicht, daß wir von ihm Vollkommenheit erwarten.

Ein echter Roshi ist an Proselytenmacherei nicht im geringsten interessiert; deshalb ist er froh, wenn ein Schüler bei einem anderen Zen-Meister ein echtes Zuhause findet. Sobald man jedoch eine Schüler–Meister–Beziehung eingegangen ist, bedarf ein Wechsel des Meisters allerdings gewisser formeller Schritte. Man sucht seinen Roshi auf und bittet ihn um ein Gespräch. Eine solche Unterredung hat ausschließlich den Sinn, dem Schüler zu helfen. Der Schüler sollte auf Entschuldigungen ganz verzichten, und der Lehrer wird sich nicht zu Vorhaltungen hinreißen lassen. Seit den frühesten Zeiten haben sich Schüler immer wieder zu diesem Schritt durchgerungen – bisweilen sogar auf Anraten ihres ursprünglichen Meisters.

Ein solches Verhalten hat jedoch nichts mit dem »Sesshin-Hüpfen« gemein. Wer leichthin immer wieder den Lehrer wechselt, verschwendet seine Energie, denn unter solchen Umständen ist es ihm nicht möglich, zur Ruhe zu gelangen. Und das ist es schließlich, was im Mittelpunkt des Zazen steht: das Ziel, innerlich zur Ruhe zu kommen.

Sowohl der Schüler als auch der Roshi investieren in die zwischen ihnen sich entwickelnde Beziehung. Sobald der Schüler daher weiß, daß sich in seinem Leben größere Veränderungen vollziehen werden, die auch seine Zen-Praxis betreffen – wenn er etwa aus dem Sangha ausziehen möchte –, so sollte er seinen Lehrer rechtzeitig davon in Kenntnis setzen.

Die Lehrer–Schüler–Beziehung

Als ich noch ein Schullehrer war, hatte ich immer den Eindruck, daß ein Schüler, der mit Kreide nach mir warf, sobald ich ihm den Rücken zukehrte, noch immer ein hoffnungsvollerer Fall sei als jener, der seinen Kopf auf den Tisch sinken ließ. Dies Kreidestückchen gab mir die Möglichkeit, etwas zu tun oder zu sagen. Aber was kann man tun, wenn jegliche Reaktion ausbleibt? In der Begegnung mit dem Roshi kommt es ganz wesentlich darauf an, sich deutlich zu artikulieren und etwas von sich zu zeigen. Hingegen ist es völlig sinnlos, um jeden Preis eine »intelligente« Frage zu ersinnen. Falls der Schüler nichts zu sagen hat, so genügt es, daß er zum Roshi kommt und erklärt: »Ich habe nichts zu sagen.« Das vermittelt einen vollständigen Eindruck von der Situation.

Das Herz des Zen-Buddhismus wie auch anderer Religionen ist der Dialog. Dieser Dialog ist ganz bewußt auf den Zweck abgestimmt, das Erwachen des Schülers zu begünstigen. Er erfüllt jedoch nicht den Zweck, das Selbstbewußtsein einer der beiden beteiligten Parteien zu unterstützen.

> Ein Mönch sagte zu Yüeh-shan Wei-yen: »Ich habe ein Problem. Kannst du es für mich lösen?«
> Yüeh-shan sagte: »Ich werde es heute abend für dich lösen.«
> An jenem Abend nahm Yüeh auf dem hohen Sitz Platz und sagte: »Der Mönch, der ein Problem hat, möge vortreten.«
> Der Mönch trat vor. Yüeh-shan erhob sich nun von dem Sitz, faßte den Mönch bei den Aufschlägen von dessen Gewand, schüttelte ihn und rief aus: »O Mönche, dieser Mensch hat ein Problem!« Dann stieß er ihn von sich fort und ging hinaus[40].

Diese Geschichte ist leicht mißzuverstehen. Der Roshi reagierte unmittelbar und voll Wohlwollen auf das Anliegen – die Bitte des Mönches. Das Bewußtsein des Roshi ist daher der Inhalt der Geschichte, und es handelt sich dabei um genau die Art von Bewußtsein, das wir gegenüber unserem Meister zum Ausdruck bringen müssen, wenn wir diese Geschichte als ein Koan betrachten. Aber Yüeh-shan hat auch etwas über Probleme im allgemeinen ausgesagt. Wo kein Problem ist, da ist auch keine Furcht. Und wenn keine Furcht da ist, woher soll der Schüler dann die für seine Praxis notwendige Energie nehmen?

Es können aber auch praktische Probleme auftauchen, etwa die folgende Frage: »Meine Mutter ist krank – soll ich nach Hause fahren, um sie zu besuchen, oder soll ich lieber hier im Schulungs-Zentrum bleiben?« Über solche Fragen kann man sich mit dem Roshi auf einer ganz anderen Ebene unterhalten. In einem solchen Fall wäre der Roshi schlicht ein Mensch, den wir um Rat fragen, und damit wäre seine Rolle eine ganz andere. Ein vertrauenswürdiges älteres Mitglied des Sangha könnte diese Aufgabe ebensogut erfüllen.

Shōken und Dokusan

Nachdem der zukünftige Zen-Schüler einen Orientierungskurs abgeschlossen und an einer *Teishō*-Darlegung (einem Dharma-Gespräch) des Roshi teilgenommen und diesen vielleicht ganz inoffiziell persönlich kennengelernt hat, hat er genügend Erfahrungen gewonnen, um zu wissen, ob er diesen Roshi zu seinem Zen-Meister erwählen möchte. Falls diese Entscheidung positiv ausfällt, so werden die für sein erstes *Shōken* – seine erste offizielle Unterredung mit dem Meister – notwendigen Vorkehrungen getroffen. Die Einzelheiten dieser Prozedur unterscheiden sich allerdings von Zentrum zu Zentrum ganz erheblich.

In der Tradition des Diamant-Sangha hat es sich eingebürgert, daß der Schüler im Verlauf von Dokusan – des regelmäßig wiederkehrenden Gespräches des Schülers mit seinem Meister – drei tiefe Verbeugungen macht. Beim Shōken hingegen macht er neun tiefe Verbeugungen und überreicht eine kleine Opfergabe zum Zeichen dafür, daß er bereit ist, in den Roshi als seinen Meister Energie zu investieren.

Dann erkundigt sich der Meister, warum der zukünftige Schüler sich dafür entschieden hat, Zazen zu praktizieren. Dies ist eine wichtige Frage, und man sollte sich auf die Antwort gut vorbereiten. Falls man jedoch keine Antwort weiß, so ist das auch in Ordnung. Man braucht es nur zu sagen, und das ist dann die Antwort.

Das Hauptanliegen des Roshi ist es, die Art seiner Unterweisung den Bedürfnissen des Schülers anzupassen. Er wird ihn daher im Verlauf dieses Kennenlern-Gespräches nach dessen Alter, Ehestand, Beruf und so weiter fragen. Aber die Hauptfrage lautet: »Was führt dich hierher?«

Einmal hatten ein paar Leute direkt vor dem Tempel des Maui-Zendo eine Reifenpanne. Sie kamen herein, um zu telefonieren und blieben sechs Monate. Jede menschliche Begegnung hat eine spezifische Bedeutung, man braucht also gar kein tiefschürfendes Motiv dafür anzugeben, weshalb man gekommen ist.

Der Roshi ist bestrebt, dem Schüler die diesem angemessene Unterweisung zu geben. Es ist nicht gut, einem Menschen, der unter Magengeschwüren leidet, Currygerichte vorzusetzen. Der Schüler sollte daher auf die ihm gemäße Weise zum Ausdruck bringen, wie es um ihn steht. Nachdem der Schüler sich vorgestellt hat, schlägt der Roshi ihm eine Übung vor – eine der Varianten des Zazen, von denen bereits die Rede war, oder das Koan MU. Am Ende der Unterredung besteht für den Schüler die Möglichkeit, Fragen an den Meister zu richten, er kann das Gespräch aber auch an jedem beliebigen Punkt durch Fragen unterbrechen. Manche Fragen tauchen aber vielleicht erst viel später auf, und solche Auskünfte kann der Schüler in der Folgezeit während Dokosan erbitten.

Yasutani Roshi pflegte zu sagen, daß der Dokusan-Raum möglicherweise nicht der rechte Ort sei, um Fragen über das für die Zen-Schulung geeignetste Buch oder über die buddhistische Philosophie zu formulieren. Er fügte dann im allgemeinen noch hinzu: »Wenn ihr wissen möchtet, warum eure Zähne während Zazen weh tun oder euer Magen knurrt, so werde ich solche Fragen mit euch bereitwilligst besprechen.« Ich selbst lasse zwar alle Fragen zu, vereinbare jedoch, daß zeitraubende Diskussionen auf einen geeigneteren Zeitpunkt verschoben werden. Beim Dokusan bleiben uns jeweils nur einige Minuten des Gespräches – denn bei dieser Gelegenheit suchen zahlreiche Schüler einer nach dem andern den Roshi auf, so daß für jeden einzelnen nur eine sehr begrenzte Zeit zur Verfügung steht.

Im Dokusan-Raum gilt es einige sehr einfache Formalien zu beachten, die der Schüler im voraus mit einem fortgeschrittenen Mitglied des Sangha einübt. Ihr Hauptzweck ist es, eine Atmosphäre der Offenheit und der Verehrung zu erzeugen. Der Schüler sollte bereit sein, sich auf einen Wandlungsprozeß einzulassen. Die Verbeugungen sind Akte der Selbstpreisgabe, sie bringen diese Bereitschaft zum Ausdruck.

Zum Abschluß

In unseren Diamant-Sangha-Zentren ist es Interessierten gestattet, an internen Zusammenkünften teilzunehmen, ohne sich zuvor jemals Shōken oder Dokusan unterzogen zu haben. Die einzige Einschränkung besteht darin, daß an Sesshin nur Schüler teilnehmen dürfen, die bereits begonnen haben, mit dem Roshi zu arbeiten. Andere Zen-Zentren sind in dieser Hinsicht vielleicht weniger großzügig.

Nun möchte ich wieder einmal auf das Atemzählen zu sprechen kommen. Es liegt ganz bei uns, ob wir während Zazen nur unseren Ausatem zählen möchten oder sowohl unseren Ein- als auch unseren Ausatem.

Wer sich auf den Weg des Zen und in den Dschungel der Zen-Praxis begibt, läßt sich auf ein großes Abenteuer ein. Wie auch unser Begründer, Shakyamuni Buddha, wird er Phasen der Entmutigung und solche der Einsicht durchleben. Und wie Shakyamuni und dessen Nachfolger darf er hoffen, eines Tages Einblick zu gewinnen in sein eigenes tiefstes Wesen und in die Natur aller Wesen und Dinge.

Der erste Schritt auf diesem Weg unterscheidet sich hinsichtlich seines inneren Gehaltes nicht von dem letzten. Der Zen-Schüler sollte daher nicht unentwegt auf die Fortschritte starren, die er erzielt. Jeder Atemzug und jede Zahl sind identisch mit der ganzen Sequenz des Atmens und Zählens – das heißt mit der Unendlichkeit selbst.

IX DAS KOAN MU

In den ersten Kapiteln dieses Buches habe ich versucht, die innere Struktur und die Methode der Zen-Praxis darzulegen. Nun möchte ich die Bedeutung des Koan MU erläutern, mit dem sich Zen-Schüler, die ein spezifisches Interesse an der Erleuchtung mitbringen, unter der Anleitung eines Roshi auseinandersetzen können, sobald sie sich mit der Technik des Atemzählens gründlich vertraut gemacht haben. Dieses Koan entstammt dem *Wu-men-kuan*, einer kommentierten Koan-Sammlung, die Wu-men Hui-k'ai im frühen zwölften Jahrhundert zusammengestellt hat.

> EIN BEISPIEL
> Ein Mönch fragte Chao-chou: »Hat ein Hund wirklich Buddha-Wesen oder nicht?«
> Chao-chou sagte: »MU.«

WU-MENS KOMMENTAR
Die Praxis des Zen verlangt gebieterisch, daß wir die von den alten Meistern errichteten Schranken überwinden. Um zur erhabenen Erleuchtung zu gelangen, müssen wir die Straße des Denkens abrupt verlassen. Falls wir jedoch die von den alten Meistern errichteten Schranken nicht überwinden und die Straße des Denkens nicht abrupt verlassen, so gleichen wir Geistern, die sich an Büsche und Grashalme klammern.

Was aber ist die von den alten Meistern errichtete Schranke? Diese einzige Schranke unseres Glaubens ist eben dies eine Wort MU. Wir nennen sie auch »die torlose Schranke des Zen«. Sobald es uns jedoch gelingt, diese Schranke zu passieren, treten wir nicht nur in ein vertrautes Gespräch mit Chao-chou ein, sondern wir wandeln gleichsam Hand in Hand mit den alten Meistern aller Generationen unserer Tradition einher, und die Härchen unserer Augenbrauen sind mit den ihren verwoben; wir sehen mit den gleichen Augen wie sie und hören mit den gleichen Ohren. Ist das nicht herrlich? Gibt es wohl irgend jemanden, der diese Schranke nicht passieren möchte?

Wir sollten deshalb unseren ganzen Körper in eine einzige Masse des Zweifels verwandeln und uns mit unseren sämtlichen 360 Knochen und Gelenken und unseren 84 000 Haarfollikeln auf dieses eine Wort Mu konzentrieren. Tag und Nacht sollten wir dieses Rätsel zu ergründen suchen. Dabei dürfen wir jedoch nicht in den irrtümlichen Glauben verfallen, es handle sich dabei um nichts. Auch Attribute wie »hat« oder »hat nicht« sind bedeutungslos. Das Ganze gleicht etwa dem Verschlingen einer glühend-heißen Eisenkugel. Wir bemühen uns verzweifelt, sie herauszuwürgen, jedoch ohne Erfolg. So reinigen wir uns allmählich und befreien uns von mißverstandenem Wissen und falschen Einstellungen, die wir aus der Vergangenheit mitgebracht haben. Innen und außen werden eins. Und wir gleichen einem stummen Menschen, der einen Traum hat. Wir kennen diesen Traum nur für uns ganz allein.

Plötzlich bricht MU auf. Der Himmel ist starr vor Erstaunen; die Erde bebt. Es ist, als würden wir dem General Kuan sein großes Schwert entreißen. Wenn wir einem Buddha begegnen, so töten wir den Buddha. Wenn wir Bodhidharma begegnen, so töten wir Bodhidharma. Auf dem unendlich schmalen Grat zwischen Geburt und Tod entdecken wir die Vollkommene Freiheit. In den sechs Welten und den vier Arten der Geburt erfreuen wir uns eines Samādhi der Fröhlichkeit und des Spiels.

Wie aber sollten wir mit diesem Koan arbeiten? Indem wir all unsere Lebensenergie auf dieses eine Wort MU verwenden. In dem Augenblick, da wir nicht mehr zaudern, ist es schon geschehen. Ein einziger Funke genügt, um unsere Dharma-Kerze zu entzünden.

WU-MENS VERS

Hund! Buddha-Wesen!
Der vollkommene Ausdruck des Ganzen.
Nur ein wenig »hat« oder »hat nicht« genügt,
und der Körper ist verloren; das Leben ist verloren[41].

Chao-chou Ts'ung-shen

Chao-chou (japanisch: Jōshū) war ein bemerkenswerter Meister, der in einer bemerkenswerten Zeit lebte. Diese Zeit war die T'ang-Periode, das goldene Zeitalter des Zen (778–897), das ungefähr 120 Jahre währte. Zen-Meister sind wegen ihrer Langlebigkeit bekannt, und viele von ihnen wurden in der Vergangenheit weit über achtzig oder neunzig Jahre alt, in einer Zeit, da man die Lebensdauer des Menschen im allgemeinen mit fünfzig Jahren angab. Man kann natürlich behaupten, daß Langlebigkeit eine Frage der körperlichen Beschaffenheit, etwa der Gene, und der richtigen Ernährung ist. Das möchte ich nicht im geringsten bestreiten. Es genügt, sich der eigenen Vorurteile zu entledigen und Chao-chous Lebensgeschichte zu betrachten.

Chao-chou wurde bereits als Junge dem geistlichen Stand geweiht. Als er achtzehn war, suchte er Nan-ch'uan P'u-yuan auf, um dessen Schüler zu werden. Zu jener Zeit fühlte sich Nan-ch'uan gesundheitlich nicht wohl, weshalb die erste Unterredung der beiden in seinem Schlafzimmer standfand. Während dieses Gespräches lag Nan-ch'uan im Bett.

Nan-ch'uan fragte ihn: »Wo bist du in letzter Zeit gewesen?«
Chao-chou erwiderte: »In Shui-hsiang [wörtlich *Verheißungsvolles Bild*].«
Nan-ch'uan fragte: »Hast du das Verheißungsvolle Bild gesehen?«
Chao-chou sagte: »Ich habe das Bild nicht gesehen, aber ich habe einen ruhenden Tathāgata gesehen[42].

In dieser Weise spann sich der Dialog noch eine Weile fort, aber Nan-ch'uan hatte die Begabung des jungen Mannes bereits erkannt. Chao-chou blieb von nun an bis zum Tode seines Lehrers Nan-ch'uan, vierzig Jahre später, bei ihm. Nach Ablauf der vorgeschriebenen zwei Trauerjahre begab sich Chao-chou auf die Wanderschaft, um die hervorragenden Meister seiner Zeit zu besuchen und sein Verständnis der Dharma-Gespräche zu vertiefen und zu läutern.

Als er sich auf die Wanderschaft begab, verkündete Chao-chou: »Sollte ich einem siebenjährigen Kind begegnen, das mich unterweisen kann, so werde ich als Schüler des Kindes dort bleiben. Sollte ich einen hundert Jahre alten Mann treffen, der mich um Unterweisung bittet, so werde ich sein Lehrer sein.« Vor dem Hintergrund der konfuzianischen Verehrung der Alten und der Bevormundung der Kinder tritt Chao-chous Bescheidenheit um so deutlicher hervor, und ebenso sein unerschütterlicher Entschluß, eine würdiger Schüler des Buddha zu sein.

Im Alter von achtzig Jahren schließlich ließ er sich nieder, sammelte Schüler um sich und verschrieb sich während der folgenden vierzig Jahre ganz der Unterweisung. So war Chao-chou bereits am Anfang seiner Lehrjahre so alt und schwach, daß er seine Schüler gar nicht mehr anschreien oder schlagen konnte. Seine Methode ist auch als »Lippen-und-Mund-Zen« bekannt. Die Legende berichtet, daß ein Licht seinen Mund umspielt habe, wenn er sprach. Dogen Zenji, der sonst mit Kritik an seinen Vorgängern nicht gerade zimperlich war, sprach von Chao-chou nur in den höchsten Tönen und nannte ihn »Chao-chou, der alte Buddha«.

Der Dialog

Wir können ganz sicher davon ausgehen, daß der Mönch, der sich nach dem Buddha-Wesen des Hundes erkundigte, sehr wohl wußte, daß alle Wesen von Natur aus Buddha sind. Dies wird auch in den Sūtras ganz eindeutig konstatiert, von denen der Mönch einige vermutlich sogar Tag für Tag rezitierte. Aber er hatte diese Tatsache noch nicht innerlich erfahren. Er glaubte, daß das Buddha-Wesen in Wirklichkeit etwas sei, was man erwerben müsse. Vielleicht hatte er bei sich gedacht: »Shakyamuni Buddha hat sechs lange Jahre unter dem Bodhi-Baum gesessen, bevor er die Buddhaschaft erlangte. Mein Lehrer, Chao-chou hat vierzig Jahre der Schulung bei seinem Lehrer hinter sich gebracht und ist dann für weitere zwanzig Jahre auf Wanderschaft gegangen, bevor er seines Buddha-Wesens gewiß war. Was mich anbelangt, so glaube ich nicht, daß ich bereits zum gegenwärtigen Zeitpunkt das Buddha-

Wesen habe.« Indem er nun seinen Zweifel so konkret wie möglich formulierte, fragte er Chao-chou: »Hat dieser Hund tatsächlich Buddha-Wesen?« Willst du mir weismachen, daß dieser elende Hund seit Anbeginn ein Buddha gewesen ist?

Mit »Buddha-Wesen« ist soviel gemeint wie »substantielles Wesen«, »Wahres-Wesen« oder »Selbst-Wesen«. In Wahrheit geht es dem Mönch um die folgende Frage: »Was ist das Buddha-Wesen?« – eine Frage von fundamentaler Bedeutung.

Chao-chou sagte: »MU«[43]. MU bedeutet: »Nein« oder: »Hat nicht.« Wir sollten Chao-chous Antwort indes nicht im üblichen Wortsinn interpretieren. Mit seiner knappen Antwort brachte er das Buddha-Wesen unmittelbar zum Ausdruck und zeigte, wie wir in der Praxis des Zazen vorgehen sollten. »MUUUUUUUU...«, er sprach diese Silbe ganz leise; wir auf unserem Kissen lassen sie nur innerlich erklingen – wir atmen MU ein und aus. Oder wir atmen MU nur aus und halten unseren Geist beim Ausatmen in einem Zustand der Balance und der völligen Ruhe.

Wenn der Schüler sich zum Meditieren niederläßt, zählt er zunächst seine Atemzüge in der üblichen Weise von »eins» bis »zehn«. In dieser Weise verfährt er eine oder mehrere Sequenzen lang, bis sein Geist einigermaßen zur Ruhe gelangt ist, dann nimmt er MU auf. Eines sollte man allerdings nicht vergessen: Es ist nicht unser Ziel, die Aufmerksamkeit auf MU zu fixieren. Das wären immer noch zwei Dinge. Der Zustand, den wir erstreben, ist: MU atmet MU. Wir sind völlig eingestimmt auf MU.

Der Kommentar

Obwohl das Koan Mu gewiß schon vor der Publikation des *Wu-men-kuan* weithin bekannt war (Wu-men selbst arbeitete sechs Jahre lang an dieser Koan-Sammlung), hat doch erst Wumens Kommentar die Tradition begründet, daß diese Silbe als die erste Schranke betrachtet wird, die jeder wahrhaft die Erleuchtung suchende Schüler passieren muß. Yamadi Roshi weist darauf hin, daß der Kommentar im Schrifttum des Zen eine einzigartige Stellung einnimmt, und zwar, weil er in kondensierter Form eine Erläuterung der Zazen-Praxis bietet, wie sie sich sonst nirgends findet. Deswegen ist er von außerordentlichem Wert und verdient unser ganzes Interesse.

Die Praxis des Zen verlangt gebieterisch, daß wir die von den alten Meistern errichteten Schranken überwinden. In diesem Satz ist der ganze Geist des sogenannten Koan-Zen aufs prägnanteste zusammengefaßt – das heißt eines Zen, das den Schüler zur Erleuchtung führt, indem dieser all seine geistigen Kräfte ausschließlich auf eine einzige Silbe oder Redewendung oder auf eine einzige Geste richtet, die ein alter Meister für diesen Zweck konzipiert hat. Auch wenn der Schüler vielleicht bereits tiefes und ruhiges Samādhi erlangt, all die abstrusen Formulierungen der buddhistischen Philosophie gemeistert oder einen offenen und großzügigen Geist entwickelt hat, eines bleibt ihm nicht erspart: Er muß noch ergründen, was es mit MU, mit Chu-chihs erhobenem Zeigefinger und mit dem Verlassen des Raumes durch Yüeh-shan auf sich hat.

Um zur erhabenen Erleuchtung zu gelangen, müssen wir die Straße des Denkens abrupt verlassen. Das Wort, das ich hier mit »erhaben« wiedergegeben habe, könnte man auch mit »wundervoll« übersetzen. Um das Wahre-Wesen jedoch in dieser Weise zu erfahren, müssen wir zunächst den Fluß unserer Gedanken unterbrechen.

> Ein Mönch fragte Chao-chou: »Wie soll ich die vierundzwanzig Stunden nutzen?«
> Chao-chou erwiderte: »Du selbst wirst von den vierundzwanzig Stunden genutzt. Ich hingegen nutze die vierundzwanzig Stunden.«[44]

Wir werden von den vierundzwanzig Stunden »benutzt«, weil wir von unseren Gedanken »benutzt« werden. Vierundzwanzig Stunden am Tag durchströmt ein Gedankenfluß unseren Kopf und manipuliert uns. Deshalb sollten wir diesen Zustand in sein Gegenteil verkehren und die Ruhe des Geistes kultivieren, so daß nur mehr solche Gedanken in unserem Bewußtsein auftauchen, die den Umständen angemessen sind.

Der Prozeß dieser Wandlung ist Zazen, ein Prozeß, in dem wir genaue »Bekanntschaft« mit der Silbe MU machen und in dessen Verlauf all unsere Zufallsgedanken immer mehr verblassen. Das heißt jedoch nicht, daß wir dabei den Quellgrund unserer Gedanken austrocknen. Vielmehr kultivieren wir in der Praxis des Zen in uns einen inneren Frieden, der jegliches Verständnis übersteigt und einem echten Sinn für Proportionen in uns den Weg bereitet.

Eine langjährige Zen-Freundin hat mir über diese Erfahrung einen ausführlichen Bericht geschickt, in dem es heißt:

Meine Angelegenheiten entwickeln sich jetzt reibungslos. Im übrigen bin ich so beschäftigt, daß mir keine Zeit mehr bleibt, an etwas anderes zu denken als an die Dinge, die ich für das morgige Mittagessen besorgen muß, und an das ganze Gerümpel, das ich aus meiner Wohnung hinauswerfen möchte. Ich habe aber auch erstmals das Gefühl, daß sich in meiner Zen-Praxis etwas bewegt. In Castanedas letztem Don-Juan-Buch habe ich gelesen, es sei der Schlüssel zur Lösung aller Probleme, wenn es uns gelinge, unseren inneren Dialog zu stoppen, und irgendwie hat mich dieser Satz stark beeindruckt, und so habe ich tatsächlich mit dem Denken aufgehört. Und sofort empfand ich aufs lebhafteste, daß ich tatsächlich der alleinige Schöpfer all meiner Gedanken und Gefühle bin und daß ich deshalb tatsächlich selbst die Kontrolle über all diese Vorgänge habe. Alles, was ich zu einem beliebigen Zeitpunkt zu tun habe, ist, den inneren Dialog abzustellen, und sofort hören die Stimmen auf zu existieren. Es ist nicht etwa so, als seien sie noch da und ich würde beschließen, »sie einfach zu ignorieren« – sie sind tatsächlich nicht mehr da, sobald *ich* nicht mehr da bin. Unversehens sind nun alle Situationen, von denen ich bisher glaubte, daß ich ihnen niemals gewachsen sein würde, in jenem belastenden Sinne des Wortes überhaupt keine Situationen mehr, obwohl sich eigentlich nichts verändert hat.

Nachdem sie viele Jahre lang Zazen praktiziert hatte, wußte sie plötzlich, wie sie die vierundzwanzig Stunden für sich nutzen konnte. Nicht in jedem Fall bedarf es einer so langen Zeit. *Falls wir jedoch die von den alten Meistern errichteten Schranken nicht überwinden und die Straße des Denkens nicht abrupt verlassen, so gleichen wir Geistern, die sich an Büsche und Grashalme klammern.* Wenn wir uns von unseren Gedanken benutzen lassen, so haben unsere Füße in der Tat keinen festen Bodenkontakt, ja im Grunde genommen haben wir unter solchen Umständen nicht einmal richtige Füße. Wir sind nichts weiter als der Schatten eines menschlichen Wesens und lassen uns von den äußeren und inneren Bedingungen unseres Lebens beliebig mal hierhin, mal dorthin treiben; wir klammern uns an die zu Begriffen verfestigten Vorstellungen von Geburt und Tod, Ursache und Wirkung, heilig und profan, innerlich und äußerlich. Aber wer ist das, dem der Wind da durch das Nachtgewand pfeift, was ist sein ursprüngliches Selbst?

Was aber ist die von den alten Meistern errichtete Schranke? Wir dürfen das Wort Schranke nicht mit »Barrikade« verwechseln. Wenn man einmal im Wörterbuch nachsieht, so wird man finden, daß eine Schranke einen Kontrollpunkt bezeichnet, etwa den Schlagbaum an einem Grenzübergang. Der Weg liegt offen vor uns. »Zeig mir, wie du zu dir selbst stehst. Zeig mir, wie du zur universellen Wirklichkeit stehst. Alles in Ordnung, du kannst die Reise fortsetzen.« Das ist mit dem Wort »Schranke« gemeint.

Nun könnte jemand einwenden, daß fast alles eine solche Schranke darstellt. Wenn unser Ehegespons uns anfährt, so werden uns dadurch Schranken gesetzt. Wenn wir auf der Autobahn eine Panne haben, so werden uns dadurch ebenfalls Schranken gesetzt. Manche Zen-Schüler behaupten, alles sei ein Koan. Das mag stimmen, aber wir werden mit so vielen alltäglichen Koan konfrontiert, daß wir völlig überfordert wären, wollten wir uns mit ihnen tatsächlich als solchen auseinandersetzen. Deshalb ist es von außerordentlicher Bedeutung, daß es uns wenigstens auf dem Meditationskissen gelingt, dieser »Prozession« Einhalt zu gebieten und ganz und gar in Mu zu versinken. Vielleicht stellt sich dann heraus, daß all unsere Alltags-Koan gegenstandlos wie Luft und völlig substanzlos sind.

Diese einzige Schranke unseres Glaubens ist eben dies eine Wort Mu. Und dieses Wort besteht nur aus einer einzigen Silbe, und dieses Wissen sollen wir dem anonymen Verfasser der

Wolke der Unwissenheit zufolge zum Gegenstand unserer Meditation machen. Für Meditationszwecke gleichermaßen geeignete Worte seien, so behauptet er: Gott, gut, schlecht etc. Aber solche Worte sind mit Bedeutung geladen, und Bedeutung kann uns leicht zum Grübeln verleiten. Deshalb behauptet Yamada Roshi: »MU hat keine wie auch immer geartete Bedeutung.« Daher ist diese Silbe eine nur für den Weg des Zen charakteristische Schranke.

Wir wollen hier jedoch nicht einem Irrtum aufsitzen. MU ist durchaus bedeutungs-*voll.* Man kann es identifizieren, darauf verweisen, es personifizieren. Es ist etwa wie das Schwimmen. Man kann sagen, was Schwimmen ist. Man kann Schwimmbewegungen nachahmen. Aber hat das Schwimmen eine Bedeutung? Ich habe einmal an der Universität von Hawaii einen Schwimmkurs belegt. Jede Woche hatten wir drei Stunden praktischen und eine Stunde theoretischen Unterricht. Während des praktischen Unterrichts schwammen wir im Übungsbecken umher, und das war Schwimmen. Während des theoretischen Unterrichts beschäftigten wir uns mit der menschlichen Muskulatur und mit graphischen Darstellungen verschiedener Fische. Ich hatte den Eindruck, das habe mit dem Schwimmen überhaupt nichts zu tun. In gleicher Weise hat auch dieses Buch mit Zen nicht das geringste zu tun.

Wir nennen sie auch »die torlose Schranke des Zen«. »Die torlose Schranke« lautet auch die Übersetzung des Buchtitels *Wu-men-kuan*, und Wu mens Name bedeutet »torlos«. Wu-men hat gesagt, daß er die von ihm im *Wu-men-kuan* zusammengetragenen Beispiele in keiner bestimmten Reihenfolge angeordnet habe, aber »Chao-chous Hund« hat er an die erste Stelle gerückt. Und er erklärt, MU sei die einzige Schranke des Zen-Weges. Zahllose Zen-Schüler haben die Richtigkeit dieser Behauptung in ihrer eigenen Zazen-Praxis erfahren können.

Als ich selbst zu praktizieren anfing, glaubte ich, »torlos« bedeute soviel wie undurchdringlich oder unpassierbar. Welche Täuschung! Die chinesische Drossel singt hell und klar am frühen Morgen. So ist es! Die reife Brotfrucht landet um Mitternacht mit einem lauten »bumm!« auf unserem Dach. So ist es!

Sobald es uns jedoch gelingt, diese Schranke zu passieren, treten wir nicht nur in ein intimes Gespräch mit Chao-chou ein, sondern wir wandeln gleichsam Hand in Hand mit den alten Meistern aller Generationen unserer Tradition einher, und die Härchen unserer Augenbrauen sind mit den ihren verwoben; wir sehen mit den gleichen Augen wie sie und hören mit den gleichen Ohren. Wir werden nicht nur in vertraulichem Dokusan mit Chao-chou verweilen, sondern unsere Augenbrauen werden sich mit denen der alten Würdenträger verweben. Das heißt indes nicht, daß wir ihnen so nahe sein werden, daß unsere Augenbrauen sich mit den ihren berühren. Vielmehr bedeutet es, daß unsere und ihre Augenbrauen ein und dasselbe sind.

Aber wir werden nicht nur mit den alten Meistern vertrauten Umgang pflegen. Wir werden unversehens feststellen, daß die Berge und Flüsse, ja die große Erde selbst von dem Akt unseres morgendlichen Aufstehens durch nichts geschieden sind. In japanischen Dokusan-Räumen werden die Schüler mit dem Koan »Laß den Fuji-Berg tanzen!« konfrontiert. Was widerfährt in solchen Augenblicken den Dörfern der betreffenden Gegend?

Wir sollten deshalb unseren ganzen Körper in eine einzige Masse des Zweifels verwandeln und uns mit unseren sämtlichen 360 Knochen und Gelenken und unseren 84 000 Haarfollikeln auf dieses eine Wort Mu konzentrieren. In der Zen-Literatur finden sich immer wieder Hinweise auf die drei Voraussetzungen jeglicher Zen-Praxis: großer Zweifel, großer Glaube und große Entschlossenheit[45]. Einverstanden – ganz sicher sind diese Voraussetzungen unabdingbar, aber im allgemeinen interpretiert man sie nur auf der Ebene einer Schritt-für-Schritt-Schulung. Zahlreiche Menschen fühlen sich durch diese Forderungen jedoch eingeschüchtert; sie denken unentwegt: »Ist mein Zweifel – mein kritisches Hinterfragen – hinreichend entwickelt? – Ist mein Glaube groß genug? – Ist meine Entschlossenheit über jeden Zweifel erhaben?« In diesem Zusammenhang sollten wir uns noch einmal Yasutani Roshis Worte in Erinnerung rufen, der sagt: »Fünf Prozent Aufrichtigkeit sind ausreichend.« Die ernste Absicht eines Menschen, der in unser

Schulungs-Zentrum kommt, um mit uns zu *sitzen*, ist völlig ausreichend. Er kann seine Aufrichtigkeit noch immer auf dieser Basis weiterentwickeln.

Yamada Roshi erklärt, »großer Zweifel« bedeute, daß der Schüler »eins wird mit Mu«. Ich würde sagen, daß die Verbeugung, die wir am Eingang zur Übungshalle (Dōjō) machen, »großer Glaube« ist. »Große Entschlossenheit« ist der Akt des sich in allmählich abnehmenden Kreisbewegungen Vor–und-Zurückwiegens, dem der Zen-Schüler sich hingibt, bevor er beginnt, den Atem zu zählen. Man sollte die »technische« Seite der Zazen-Praxis nicht überbewerten und sich keine unvernünftigen Ziele setzen.

Nichtsdestoweniger ist die Überwindung der Schranke ein *conditio sine qua non*. In dieses Ziel müssen wir all unsere Energie investieren. Deshalb brauchen wir uns allerdings nicht zu überfordern. Es genügt, daß wir unsere Energie auf nichts anderes verwenden als auf Mu.

Tag und Nacht sollten wir dieses Rätsel zu ergründen suchen. Der Sesshin-Tagesplan sieht so aus: Die Schüler stehen um vier Uhr früh auf und gehen abends um neun schlafen; während des gesamten Tages – beim Zazen ebenso wie beim Kinhin oder bei den Mahlzeiten sowie während der verbleibenden Zeiten – richten sie ihr gesamtes Bewußtsein, soweit möglich, ausschließlich auf MU. Allerdings kann es passieren, daß ein Schüler auch während Sesshin mit der Erledigung einer Aufgabe betraut wird, die seine ganze Aufmerksamkeit beansprucht. Falls er sich beim Karottenschneiden auf MU konzentriert, so verletzt er sich vielleicht. In solchen Situationen sollte er sich deswegen ausschließlich auf die betreffende Aufgabe konzentrieren und diese als die ihm auferlegte Übung betrachten.

In vergleichbarer Weise führen viele Zen-Schüler während ihres normalen Alltagslebens je zweimal am Tag – frühmorgens und abends – ein Minisesshin durch. Während des restlichen Tages hingegen sind sie durch ihren Beruf und ihre Familie voll in Anspruch genommen. Eine der Methoden, wie man Schüler, die an MU arbeiten, »überprüfen« kann, besteht darin, sie aufzufordern: »Erkläre mir MU so, daß ein kleines Kind es verstehen kann.« Ein mehr oder weniger affektiertes »MU-UUU« ist ganz sicher nicht die richtige Reaktion.

Wenn wir Auto fahren, so sollten wir nur Auto fahren und für alle etwa auftauchenden Gefahren ein offenes Auge haben. Beim Telefonieren sollten wir uns ganz auf unseren Gesprächspartner einstellen. Analog sollten wir von Situation zu Situation jeweils mit dem gleichen Maß an Aufmerksamkeit präsent sein. So üben wir gewahrsein.

In unserem Tagesablauf gibt es aber immer wieder kurze Unterbrechungen. Wir warten beispielsweise auf einen Bus, oder wir gehen in einer Empfangshalle auf und ab, oder wir warten auf den nächsten Klienten oder Kunden. Bei solchen Gelegenheiten kann man für die Umgebung unmerklich MU atmen, ohne deshalb die Aufmerksamkeit der anderen auf sich zu ziehen. Selbst inmitten einer Arbeit bleibt noch Zeit für das von Katsuki Sekida so genannte »Ein-Atemzug-MU«. Ein einziger MU-Ausatem genügt bereits, um uns zu erfrischen und unser Gewahrsein zu schärfen.

Dabei dürfen wir jedoch nicht in den irrtümlichen Glauben verfallen, es handle sich dabei um nichts. Auch Attribute wie »hat« oder »hat nicht« sind bedeutungslos. Inzwischen ist uns die Bedeutung dieser Aussage klar, aber die Implikationen dieser zur Vorsicht mahnenden Worte betreffen nicht nur die Koan-Arbeit. Manchmal trifft man auf Menschen, die in die Fallgrube des »Nichts« hinunterstürzen und fast mechanisch wiederholen: »Ist ja ohnehin egal« oder: »Ist sowieso alles eins.« Während der Zeit der Drogen-Revolution der späten sechziger und frühen siebziger Jahre sind mir zahlreiche junge Männer und Frauen begegnet, die in diese Falle gegangen waren. Hin und wieder geschieht es, daß eine religiöse Erfahrung einen Menschen in diesen Zustand versetzt. Dennoch handelt es sich in solchen Fällen um den Zustand einer »kranken Seele«, und das selbst dann, wenn die entsprechenden Erfahrungen von großer subjektiver Überzeugungskraft sind. Ich vertrete ebenfalls die Meinung, daß alles leer und nichtig ist – zugleich aber ist es voll. Mal ist es oben, mal unten, mal stark, dann wieder schwach, bisweilen hell, dann wieder dunkel. Vor Vereinfachungen sollten wir uns auf jeden Fall hüten.

Zen-Meister erzählen gerne die Geschichte von Yajñadatta, der immerzu sein Gesicht in einem Spiegel bewunderte. Eines Tages blickte er in den Spiegel und konnte sich selbst nicht sehen. Er glaubte, er habe seinen Kopf verloren; und so rannte er umher und rief: »Ich habe keinen Kopf! Ich habe keinen Kopf!« Seine Freunde hielten ihn nun auf und versuchten ihn davon zu überzeugen, daß er sehr wohl einen Kopf habe. Schließlich versetzte ihm einer von ihnen einen Schlag über den Kopf. Der Schmerz gab ihm nun plötzlich die Gewißheit, das sein Kopf tatsächlich an seinem angestammten Platz sei. So rannte er wieder umher und schrie: »Ich habe ja doch einen Kopf!«[46]. Die übliche Moral von dieser Geschichte ist, daß wir das Wahre-Wesen von Anfang an in uns tragen, dies jedoch nicht wissen und uns deshalb auf dem Meditationskissen niederlassen, dem Teisho lauschen und gelegentlich einen leichten Schlag von dem Roshi erhalten müssen, damit wir erkennen, was schon von jeher der Fall gewesen ist. Aber in unserem gegenwärtigen Zusammenhang ist weder die Aussage »Ich habe kein Wahres-Wesen« zutreffend noch die Behauptung »Ich habe ja doch Wahres-Wesen.«

Das Ganze gleicht etwa dem Verschlingen einer glühendheißen Eisenkugel. Wir bemühen uns verzweifelt, sie herauszuwürgen, jedoch ohne Erfolg. Mit diesen Worten beschreibt Wu-men ein bestimmtes Stadium in der Entfaltung des Prozesses der Koan-Arbeit. MU hat sich nun in unseren Eingeweiden festgesetzt. Nun atmen wir MU nicht mehr ein und aus. Vielmehr wird MU von MU ein- und ausgeatmet. In diesem Stadium werden wir MU nicht mehr los, und wir wollen es auch gar nicht. Wir sitzen MU, stehen MU, gehen Mu. Wir spüren, daß MU seine eigene Gesetzmäßigkeit hat. Aber was ist das? MU.

So reinigen wir uns allmählich und befreien uns von mißverstandenem Wissen und falschen Einstellungen, die wir aus der Vergangenheit mitgebracht haben. Was aber sind dieses mißverstandene Wissen und die falschen Einstellungen, die wir aus der Vergangenheit mitgebracht haben? Dōgen Zenji sagt: »Daß das Selbst Fortschritte macht und die Existenz der zehntausend Dinge gewährleistet, das nennt man Selbsttäuschung«[47]. Wir nehmen an, daß Menschen, Tiere und Dinge mit Kategorien und Vorstellungen zusammenfallen; dabei vergessen wir allerdings, daß wir selbst diese Kategorien und Vorstellungen erst erzeugen. Sie existieren nirgends, außer in der menschlichen Großhirnrinde. Wenn wir uns so verhalten, als ob die Jugendbande in der Nachbarschaft oder das Nachbarland gefährlich seien, dann werden sie gefährlich. Wenn Männer Frauen bestimmte Rollen zuweisen, dann wissen sich nur die entschlossensten der Frauen diesem Druck zu entziehen. So unterteilen wir das Universum in Bruchstücke und begrenzen sein Potential.

Beim Zazen, der einschränkungslosen inneren Hinwendung auf MU, führen wir uns die undefinierbare Einheit zu Herzen, die allen Dingen zugrunde liegt und sie erfüllt. Wer diesen Weg gewählt hat, sieht nicht unbedingt gleich rot, wenn von »Russen« die Rede ist. Hört er jemanden sagen: »Ladys first«, so kann er herzlich darüber lachen. Seine Fixierungen beginnen dahinzuschmelzen. *Innen und außen werden eins.* Einer meiner Schüler berichtete mir einmal, daß er sich während Zazen wie ein aus Korbgeflecht gebildeter Ball gefühlt habe. Diese Vorstellung erscheint vielleicht bizarr, aber es handelt sich um eine echte Makyō-Erfahrung, einen tiefen Traum, in dem er sich als ein zerbrechliches, innen und außen leeres Gebilde aus Korbgeflecht sah. Ob man nun über eine so spezifische Erfahrung verfügt oder nicht, in diesem Zustand ist die undefinierbare Einheit evident.

Und wir gleichen einem stummen Menschen, der einen Traum hat. Wir kennen diesen Traum nur für uns ganz allein. Herr Sekida erzählte uns gelegentlich, daß er einmal während des Sonnenaufgangs gemeinsam mit einem Freund auf der Veranda seines Klosters gesessen habe. Es war der letzte Tag eines besonders tiefen, friedvollen Sesshin. Natürlich spricht man nicht während Sesshin, aber irgendwie fing der Freund dennoch zu reden an. »O«, sagte er, wie aus völliger Versunkenheit erwachend, »die Sonne ist aufgegangen.« Dieser träumerische, selbstvergessene Zustand kann ebenfalls ein Schritt auf dem Weg sein. Mitunter sage ich während Dokusan zu einem Schüler: »Zeig mir MU.« Der Schüler reagiert vielleicht, indem er völlig versunken »MU« antwortet. Dieser Zustand ist sehr vielversprechend.

Plötzlich bricht »Mu« auf. Der Himmel ist starr vor Erstaunen; die Erde bebt. Peng! Die Brotfrucht prallt auf das Zinndach! Ach so! Nun wird mir alles klar. Welche Überraschung! Das Universum sagt: »Hoppla!«

Manche Leute glauben, die Koan-Arbeit bestehe in erster Linie darin, sich eine Meinung über Mu und die übrigen Übungsbeispiele zu bilden. Das ist etwa so, als würde man behaupten, man habe sich nun eine Meinung über den Inhalt eines Witzes gebildet. Koan und Witze sind zwar nicht das gleiche, aber ein Charakteristikum haben sie gemeinsam. Sie haben beide eine Pointe. Die Pointe von MU ist für den Leser dieses Buches die gleiche wie für mich oder Yamada Roshi oder für seine japanischen Schüler oder für einen beliebigen Zen-Schüler irgendwo auf der Welt. Und zwar *genau* die gleiche. Wir sind alle Mitglieder der gleichen Nasenloch-Gesellschaft. Die wesenhafte Natur ist nicht eine Frage der Meinung.

Wenn wir unsere zweifelhafte Witz-Analogie noch ein wenig weiter treiben, erkennen wir, daß es ein schallendes Gelächter ebenso gibt wie ein belustigtes Kichern. Entsprechend sind einige Erleuchtungserfahrungen von elementarer Kraft, während andere nur den Charakter eines leichten »Anflugs« haben. Yasutani Roshi pflegte zu sagen, daß *Kensho*, die Selbst-Wesensschau, etwa mit der Erfahrung zu vergleichen sei, die wir machen, wenn wir in eine mit Rauhreif behaftete Glasscheibe ein kleines Guckloch reiben. Wir blinzeln hindurch, und das ist dann die Wesensschau. Es bleibt uns dann immer noch die Aufgabe, die restliche Scheibe von dem Rauhreif zu reinigen und das Glas letztendlich ganz herauszustoßen.

Nach diesem anfänglichen Blinzeln liegt jedoch noch ein ganzes Leben der Koan-Arbeit vor uns. Nach Auffassung der Sanbō-Kyōdan-Tradition verbleiben uns nach dieser Erfahrung noch immer mehr als 500 Koan, die wir uns zueigen machen müssen. So bemerkte Yasutani Roshi einmal anläßlich einer Zeremonie, die zu Ehren eines Zen-Schülers ausgerichtet wurde, der seine Koan-Schulung abgeschlossen hatte: »Seine Praxis hat eben erst begonnen.«

Yamamoto Gempo Roshi fing im Alter von sechsundachtzig Jahren wieder an, das *Diamant-Sūtra* laut zu lesen. Bei einer Gelegenheit wies er auf eine Passage und erklärte, an seinen Diener gewandt: »Jetzt endlich habe ich diese Stelle verstanden.« Eine unter Zen-Anhängern beliebte Redensart lautet: »Shakyamuni Buddha schult sich noch immer; er hat erst die Hälfte des Weges zurückgelegt.«

Die Lösung des Koan MU ist ein Meilenstein auf dem Weg des Zen. Man könnte vielleicht sagen, daß es zwei Kategorien von Koan gibt: das erste und dann all die übrigen. Hat man diesen ersten Meilenstein erst einmal passiert, so bereiten die übrigen nicht mehr solche fast unüberwindlichen Schwierigkeiten, da man das Grundprinzip einmal erkannt hat. Es ist gar nicht so außergewöhnlich, daß für einen Schüler dieses Stadiums manchmal bereits ein Dokusan genügt, damit sich ihm die Bedeutung eines sogenannten fortgeschrittenen Koan erschließt. Gleichwohl braucht der Schüler meistens längere Zeit, und bisweilen tritt er sogar auf der Stelle und weiß sich aus diesem Zustand erst nach Ablauf einiger Zeit zu befreien.

Es ist, als würden wir dem General Kuan sein großes Schwert entreißen. Wu-men gestattet sich hier einen kleinen Scherz. Der General Kuan ist eine berühmte Figur der chinesischen Militärgeschichte; das Ideogramm, das für seinen Namen steht, hat jedoch zugleich auch die Bedeutung »Schranke«. Nun hat der Zen-Schüler die Schranke selbst »weggerissen« und ist König oder Königin des Berges. Er sitzt allein auf dem Ta-Hsiung-Gipfel. Die Legende berichtet, daß der Buddha gleich nach seiner Geburt mit der einen Hand nach oben und mit der andern nach unten wies und erklärte: »Oben die Himmel, unten die Himmel – nur ich, allein und heilig.« Das ist die Erfahrung des Arhat – allein und unerschütterlich im unermeßlichen Universum.

Wenn wir einem Buddha begegnen, so töten wir den Buddha. Wenn wir Bodhidharma begegnen, so töten wir Bodhidharma. Diese Passage wird häufig mißverstanden. Je nach Zusammenhang gibt es zwei korrekte Interpretationen dieser Stelle. Vom Standpunkt des Karma aus betrachtet bedeutet sie, daß wir jeglichen Gedanken an den Buddha oder an einen der alten

Meister beiseitewischen. Was hast du hier zu suchen, alter Bodhidharma? Verschwinde!

Letztendlich gibt es natürlich überhaupt keine Buddhas und alten Meister:

> Sein Begleiter K'uo fragte einmal den Te-shan Hsüan-chien: »Wohin sind all die Buddhas und alten Meister entschwunden?«
> Te-shan fragte: »Was hast du gesagt?«
> K'uo sagte: »Ich habe ein außergewöhnlich edles Rennpferd hierherbefohlen, aber nur eine lahme Schildkröte ist erschienen.«
> Te-shan erwiderte nichts[48].

Wie unterscheiden sich Te-shan und sein Begleiter hinsichtlich der Einsicht, die sie jeweils gewonnen haben? Ich glaube, der Begleiter kannte sehr wohl die karmische beziehungsweise die auf das Wesen gerichtete Betrachtungsweise. Te-shan indes hatte selbst diesen Standpunkt völlig vergessen.

Auf dem unendlich schmalen Grat zwischen Geburt und Tod entdecken wir die Vollkommene Freiheit. Irgendwann einmal kam ein Schüler zu mir und erklärte, er sei deprimiert, weil er erkannt habe, daß es nichts gebe, woran man sich halten könne. Ich lachte, und er wollte wissen, warum ich lache. Ich sagte: »Warum, glaubst du, haben sich die alten Zen-Leuchten ständig über alles lustig gemacht?« Er lachte. Der größte Witz im Universum ist, daß es nichts gibt, woran man sich halten könnte. Wenn man diesen Witz verstanden hat, so verfügt man über die Freiheit aufzustehen, sobald der Wecker klingelt.

In den sechs Welten und in den vier Arten der Geburt erfreuen wir uns eines Samadhi der Fröhlichkeit und des Spiels. Die sechs Welten des konventionellen Buddhismus sind: die Bereiche der Hölle, der hungrigen Geister, der Tiere, der Dämonen, der Menschen und der Himmel. Die vier Arten der Geburt sind der alten buddhistischen Physiologie zufolge: die Geburt aus dem Schoß, die Geburt aus dem Ei, die Geburt aus dem Feuchten und die durch Metamorphose bedingte Geburt. Wo immer und wann auch immer! Hakuin Zenji hat gesagt: »Singen und Tanzen sind die Stimme des Dharma«[49]. Wu-men hat diesen Satz umgekehrt und gesagt: »Die Stimme des Dharma sind Singen und Tanzen.« Gartenbau und Kochen also – das ist es!

Wie aber sollten wir mit diesem Koan arbeiten? Indem wir all unsere Lebensenergie auf dieses eine Wort »Mu« verwenden. Dieser Ratschlag ist wörtlich zu nehmen. Einer meiner japanischen Zen-Freunde sprach immer wieder von »hundertprozentiger Verbrennung«. Tatsächlich müssen wir unseren gesamten Treibstoffvorrat in dem Feuer des MU verbrennen. Damit ist jedoch nicht ein krampfhaftes Bemühen gemeint. Wenn wir uns verkrampfen, so sind wir hinterher erschöpft. Dennoch haben manche Menschen am Anfang ganz offensichtlich keine andere Wahl: Sie verkrampfen sich und sind ausgelaugt, verkrampfen sich und sind ausgelaugt etc. Wenn möglich, sollten wir deshalb möglichst rasch über dieses Stadium hinausgelangen und uns von der Kraft einer beständigen Konzentration und Identifikation erfüllen lassen. Nur MU, immer nur MU. Innen ist nichts weiter als MU. Außen ist nichts weiter als Mu, das ganze Universum ist erfüllt von MU.

In dem Augenblick, da wir nicht mehr zaudern, ist es schon geschehen. Manche Menschen lesen diesen Satz sozusagen falsch herum. »Wenn es nicht geschieht, dann muß das wohl an meinem Zaudern liegen.« Das ist nicht richtig. Der Übende kultiviert sein Dōjō, seinen Körper und seinen Geist als heilige Stätte der Erleuchtung. Als ich einmal wegen der unbefriedigenden »Resultate« meiner Zazen-Praxis mit mir haderte, reagierte Nakagawa Roshi, indem er einen Ausspruch Chaochous zitierte: »Wenn ihr meine Anweisungen gewissenhaft befolgt und trotzdem nach Ablauf von zwanzig Jahren immer noch nichts begriffen habt, so könnt ihr meinen Schädel aufmeißeln und zum Düngen bestimmte menschliche Exkremente darin aufbewahren.« Aber wir werden deine Gebeine in Frieden ruhen lassen, alter Chao-chou.

Ein einziger Funke genügt, um unsere Dharma-Kerze zu entzünden. Was aber ist dieser einzige Funke? Der Gecko: »Chi! Chi! Chi! Chi-chichichichi!« Das dumpfe »Bumm» der Brotfrucht. Ein Hauch von Räucherwerk. Seid ihr bereit? »Bereit sein ist alles.«

DER VERS

Hund! Buddha-Wesen!
Der vollkommene Ausdruck des Ganzen!

Sobald der Schüler mit MU wahrhaft vertraut ist, kann er diese Zeilen mit seinem Roshi besprechen. Was ist der vollkommene Ausdruck? Zeig es mir! Das ganze Universum muß dabei blitzartig aufleuchten!

Nur ein wenig »hat« oder »hat nicht« genügt,
und der Körper ist verloren; das Leben ist verloren.

Kehren wir diese Zeilen einmal um. Wenn der Körper und das Leben verloren sind, bleibt nicht das geringste »hat« oder »hat nicht« übrig. Wenn wir wahrhaft den Großen Tod erfahren, so stellen wir fest, daß das Große Leben nicht durch solche Dichotomien wie »hat« oder »hat nicht«, Ursache und Wirkung, ja selbst Leben oder Tod begrenzt ist.

MAHĀ PRAJÑĀ PĀRAMITĀ HRDAYA SŪTRA

Das Herz-Sūtra

Der tiefes Prajñāpāramitā praktizierende Avalokiteshvara sah klar, daß alle fünf Skandas leer sind und jegliches Leid und jeglichen Schmerz verwandeln.
Shariputra – Form ist nichts anderes als Leere und Leere nichts anderes als Form;
Form ist identisch mit Leere und Leere identisch mit Form;
Empfindung, Denken, Impulse, Bewußtsein – sie alle sind nichts andres als ebendies.
Shariputra, aller Dinge Kennzeichen ist die Leere – sie werden nicht geboren, nicht zerstört,
nicht befleckt und nicht gereinigt, sie gewinnen nichts, sie verlieren nichts.
Deshalb gibt es in der Leere weder Form noch Empfindung, noch Denken, Impulse, Bewußtsein;
weder Augen noch Ohren, noch Nase, Zunge, Körper, Geist;
weder Farbe noch Klang, noch Geschmack, noch Berührung, noch einen Gegenstand des Denkens;
weder einen Bereich des Sehens noch einen Bereich des Denkens;
weder Unwissenheit noch ein Ende der Unwissenheit,
weder Alter noch Tod, aber auch kein Ende des Alterns und des Sterbens;
kein Leiden, keine Ursache des Leidens, kein Erlöschen, keinen Weg;
keine Weisheit, keine Erleuchtung. Da es nichts zu erlangen gibt, leben die Bodhisattvas Prajñāpāramitā,
und kein Hindernis ist in ihrem Geist. Kein Hindernis, keine Furcht.

Jenseits allen selbsttäuschenden Denkens erlangen sie vollständiges Nirvana.
Alle vergangenen, gegenwärtigen und zukünftigen Buddhas leben Prajñaparamita
und erlangen so Anuttara-Samyaksambodhi.
Wisse daher, daß Prajñāpāramitā das große Mantra ist, das Weisheitsmantra,
das unübertroffene Mantra, das höchste Mantra,
das alles Leid vollständig auslöscht.
Dies ist Wahrheit, keine Täuschung.
Laß daher das Prajñāpāramitā-Mantra ertönen,
laß dies Mantra erklingen und sprich:
»Gate, gate, pāragate, pārasamgate, bodhi svāhā!«

HAKUIN ZENJI, »PREISLIED DES ZEN«

Alle Wesen sind ihrem Wesen nach Buddha,
wie Eis seinem Wesen nach Wasser ist.
Ohne Wasser gibt es kein Eis,
ohne die Wesen keinen Buddha.

Wie traurig, daß die Menschen das Nahe nicht sehn
und die Wahrheit in der Ferne vermuten –
wie jemand, der umgeben von Wasser,
laut aufschreit vor Durst –
wie ein Kind aus reichem Hause,
das unter den Armen wandelt.

Verloren auf den Wegen des Nichtverstehens
wandeln wir durch die Sechs Welten –
von Weg zu Weg nur immer Dunkelheit,
wann werden wir frei sein von Geburt und Tod?

O, das Zazen des Mahāyāna!
Ihm sei der höchste Preis!
Verehrung, Reue und Schulung,
die vielen Paramitas –
sie alle haben ihren Ursprung in Zazen.

Auch wenn wir nur einmal Zazen praktizieren,
befrein wir uns von Verbrechen ohne Anfang.
Wo sind all die dunklen Wege dann?
Das Reine Land selbst ist nah.

Wer immer diese Wahrheit nur einmal hört
und mit dankbarem Herzen ihr lauscht,

sie wertschätzt und verehrt,
dem werden Segnungen zuteil ohne Ende.

Noch mehr jenen, die kehrtmachen
und Zeugnis ablegen für das Selbst-Wesen,
ein Selbst-Wesen, das Kein-Wesen ist –
sie gehen weit über den Buchstaben der Lehre hinaus.

Hier fallen Ursache und Wirkung zusammen,
der Weg ist weder zwei noch drei.
Mit der Form, die Nicht-Form ist,
mit dem Kommen und Gehen können wir
nicht in die Irre gehen.
Mit dem Denken, das Nicht-Denken ist –
selbst Singen und Tanzen sind die Stimme des Gesetzes.

Wie grenzenlos frei ist der Himmel des Samadhi!
Wie leuchtend der Vollmond der Weisheit!
Wahrhaftig – herrscht jetzt noch irgendein Mangel?
Nirvana ist hier – direkt vor unseren Augen;
der Platz, auf dem wir stehn, ist das Lotus-Land;
dieser Körper hier, der Buddha.

HALBHERZIGES ZEN*

Es begann damit, daß einer meiner Bekannten erklärte, mein Schreibstil erinnere ihn an orientalische Dichtung. So besorgte ich mir in der Bibliothek japanische und chinesische Literatur und lernte Basho und Po Chu-i kennen.

Dann brach der Zweite Weltkrieg aus, und ich geriet auf Guam als Zivilist in Gefangenschaft, wurde nach Japan gebracht und dort in Kobe interniert. Die Wächter unseres Lagers wurden auf mein Interesse an der Haiku-Dichtung aufmerksam. Und als Ende 1942 R. H. Blyth' *Zen in English Literature* erschien, lieh mir einer von ihnen ein Exemplar.

Der in diesem Buch zum Ausdruck gebrachte Standpunkt faszinierte mich. Ich las es immer wieder, vielleicht zehnmal, und machte dabei viele sehr eigenartige Erfahrungen, die mich veranlaßten, Shakespeare, Bashō und andere bedeutende Schriftsteller mit ganz neuen Augen zu lesen. Auf einmal erschien mir die Welt in einem klaren Licht, und ich war trotz unserer elenden Lebensbedingungen in geradezu absurder Weise glücklich.

Dr. Blyth war ebenfalls in Kobe interniert. Im Mai 1944 wurden nun alle Gefangenenlager der Stadt zusammengelegt. Und so wurden wir gemeinsam mit weiteren 175 Angehörigen feindlicher Nationen, die bis dahin über die ganze Stadt verstreut gewesen waren, in ein Lager gesteckt. Während der folgenden vierzehn Monate, bis zum Ende des Krieges also, erfuhr ich von diesem kreativen Lehrer eine Menge über Zen,

* Ich habe diesen Bericht im November 1971 auf Yamada Roshis Wunsch geschrieben. Er ist hier in kaum bearbeiteter Form abgedruckt. Die Fußnoten und das Nachwort habe ich nachträglich hinzugefügt, um das ein oder andere zu erklären und auf den neuesten Stand zu bringen. Begriffe, die im vorderen Teil des Buches noch nicht erwähnt worden sind, finden sich im Glossar.

und ich beschloß, sobald sich dazu eine Gelegenheit bieten würde, unter der Anleitung eines Roshi Zazen zu üben.

Nach meiner Rückkehr in die Vereinigten Staaten schrieb ich mich wieder an der Universität von Kalifornien ein und machte dort 1947 in englischer Literatur meinen ersten akademischen Abschluß. Im gleichen Jahr heiratete ich und fuhr mit meiner Frau nach Berkeley, um dort Japanologie zu studieren.

Einer meiner Freunde interessierte sich für Krishnamurti, einen indischen Meister, dessen Ansichten sich mit denen des Zen in vielen Punkten berühren. Dieser Freund überredete mich, mit ihm während der Weihnachtsferien des Jahres 1947 nach Südkalifornien zu fahren, um dort nach diesem Meister Ausschau zu halten. So kamen wir nach Ojai, einer kleinen Stadt nördlich von Los Angeles, wo Krishnamurti während seiner Aufenthalte in den Vereinigten Staaten lebte, aber Krishnamurti war zu jener Zeit in Indien.

Wir reisten nun weiter nach Süden und hielten in Süd-Pasadena, um dort der von P. D. und Ione Perkins geführten orientalischen Buchhandlung einen Besuch abzustatten. Dort begegnete ich erstmals Richard A. Gard, einem heutzutage renommierten Buddhismus-Forscher. Er war damals in dem Laden angestellt und schrieb gleichzeitig am Claremont College seine Promotionsarbeit. Wir waren bereits vor dem Krieg an der Universität von Hawaii Kommilitonen gewesen.

Ich war besonders an der großen Auswahl von Zenbüchern – deren Verfasser in den allermeisten Fällen Dr. D. T. Suzuki war – interessiert, die der Laden zum Verkauf anbot, und ich erkundigte mich bei Mr. Gard, ob er irgendwo in Südkalifornien einen Zen-Meister kenne. Er riet mir, den Mönch Nyogen Senzaki aufzusuchen, der im Miyako Hotel im japanischen Viertel von Los Angeles lebe.

Ich stattete Senzaki Sensei sogleich einen Besuch ab und war von seiner wundervollen Persönlichkeit tief beeindruckt. Ich beschloß, sein Schüler zu werden, und fuhr nach Nordkalifornien, um meine Frau zu holen. Wir beide fingen nun an, unter seiner Anleitung Zazen zu üben.

Senzaki Sensei bezeichnete sich selbst niemals als einen Roshi. Er unternahm sogar diverse Anstrengungen, um seinen

Schülern die Begegnung mit einem echten Roshi aus Japan zu ermöglichen. Diese Bemühungen blieben jedoch ohne Erfolg, und so hielt er den Dharma, so gut es ihm eben möglich war, durch Unterweisung und eigenes Beispiel am Leben.

Wir saßen auf Stühlen und erhielten nur soviel Unterweisung, wie wir aus seinem Teisho aufschnappen konnten. Am meisten profitierten wir jedoch von seinem wundervollen Verhalten, von seiner Freundlichkeit und seiner Bescheidenheit. Er gab uns buddhistische Namen – mich nannte er beispielsweise »Chōtan«, was soviel bedeutet wie »tiefes Wasser«.

Senzaki Sensei war in der westlichen Literatur äußerst belesen, und ganz besondere Wertschätzung brachte er dem deutschen Mystiker Meister Eckhardt (ca. 1260 – ca. 1327) entgegen. Er machte mich auch mit dem folgenden Ausspruch des Meisters bekannt:

> Das Auge, mit dem ich Gott erblicke, ist genau
> das gleiche Auge, mit dem Gott mich erblickt.

»Zeig' mir dies Auge!« forderte Senzaki Sensei mich auf. An der »Lösung« dieses Koan habe ich mit aller Kraft gearbeitet, und eines Tages ging ich mit der Antwort zu Senzaki Sensei. Als ich vor ihm saß, schloß ich ganz einfach meine Augen.

»Oho!« rief er. »Also gut – aber wo ist es, wenn du schläfst?« Ich wußte darauf keine Antwort. Auch an der Lösung dieses zweiten Koan arbeitete ich sehr hart. Und als ich Jahre später unter anderen Meistern MU übte, kam mir diese alte Frage immer wieder in den Sinn.

Zu dieser Zeit studierte ich gerade an der Universität von Kalifornien in Los Angeles japanische Philologie und hatte die Absicht, in diesem Fach meinen Magister zu machen, aber meine Frau war nicht glücklich in Südkalifornien, und wir beschlossen daher, uns vorerst nicht mehr unter Senzaki Senseis Anleitung mit Fragen des Zen zu befassen und nach Hawaii zurückzukehren, wo ihre Familie lebte. Zurück in Honolulu schrieb ich mich an der Universität von Hawaii in einen Magisterstudiengang für japanische Literatur ein und schloß das Studium 1950 mit einer Arbeit über »Bashōs Haiku und

Zen« ab. Zu diesem Zeitpunkt wurde auch unser Sohn Thomas geboren.

Ich war jedoch bestrebt, wieder nach Japan zu fahren, um dort Zazen zu praktizieren. Und ich erhielt tatsächlich mit Hilfe Dr. D. T. Suzukis, der im Sommer 1949 an der Universität von Hawaii lehrte, ein einjähriges Stipendium. In Japan angekommen, lebte ich für fünf Monate im Zenkyō An in Kenchōji (Kitakamakura) und besuchte als Gasthörer Veranstaltungen der Universität von Tokio. Das war im Herbst 1950.

Dr. Shokin Furuta und Dr. Blyth hatten mir geholfen, im Zenkyō An eine Unterkunft zu finden und verschafften mir auch Zutritt zum Engakuji-Kloster. Bei dieser Gelegenheit sammelte ich meine ersten Erfahrungen mit echtem Zazen. Ich war bereits dreiunddreißig Jahre alt und ziemlich steif in den Knochen. Das Zazen tat meinen Knien so weh, daß ich kaum mehr ein paar Schritte weit gehen konnte. Drei Wochen nach meinem ersten Zazen kehrte ich anläßlich des *Rōhatsu-Sesshin* nach Engakuji zurück, obwohl meine Knie noch vom letzten Mal stark angeschwollen waren. Ich war sehr verzweifelt.

Asahina Sōgen Roshi und seine Mönche waren sehr freundlich, aber zu jener Zeit waren Ausländer in japanischen Zen-Klöstern noch etwas Exotisches, und die Zen-Meister hatten wenig Erfahrung im Umgang mit ihnen. Ich wußte, daß Senzaki Sensei sehr eng mit dem Mönch Soen Nakagawa im Ryutakuji-Kloster in Mishima befreundet war; so schrieb ich Nakagawa *Oshō* einen Brief, und er lud mich zu einem Besuch in seinem Kloster ein.* Durch mein Interesse an der Haiku-Dichtung bedingt, freundeten wir uns rasch an, und bereits im Januar nahm ich – trotz großer Schmerzen – in Ryutakuji wiederum an Sesshin teil; man gestattete mir diesmal jedoch in der *Agura-* beziehungsweise *Nihonza-* Stellung zu *sitzen*, was mich vor völliger Verzweiflung rettete.

Asahina Roshi hatte versucht, mein »Auge–Gottes«–Koan durch Hui-nengs Bild vom »Ursprünglichen Angesicht und dem Auge« zu übersetzen, aber der alte Meister von Ryutakuji,

* Nakagawa Soen (Roshi) ist ein Dichter, der sowohl im modernen als auch im klassischen Stil schreibt.

Yamamoto Gempo Roshi, fand dieses Koan zu schwierig für mich und gab mir auf, mit MU zu arbeiten. In dem Dokusan-Raum verspürte ich zunächst einen leichten inneren Widerstand gegen diesen Austausch meines Koan, als ich dann jedoch wieder auf meinem Meditationskissen saß, entdeckte ich erst, was Zazen eigentlich ist. Es fiel mir jetzt plötzlich gar nicht mehr auf, daß die Risse, die den Steinfußboden durchzogen, ein seltsames Muster bildeten. Nun endlich konnte ich unter die Oberfläche meines Geistes hinabsinken.

Nach dem Januar-Sesshin zog ich ganz nach Ryutakuji und blieb dort, bis ich im folgenden August nach Hawaii zurückkehrte. Diese Zeit verbrachte ich mit gemischten Gefühlen. Es bereitete mir große Freude, gemeinsam mit Nakagawa Osho zu arbeiten – er ermutigte mich, selbst Haiku zu schreiben, und wir unternahmen im Zusammenhang mit seiner kurz bevorstehenden Einsetzung als Roshi von Ryutakuji eine denkwürdige Reise nach Kyoto, Nara und Iga-Ueno.

Zugleich war ich jedoch unglücklich wegen der Trennung von meiner Frau und meinem kleinen Sohn Thomas, und schließlich wurde mir die strenge Disziplin des Klosterlebens auch einfach zu mühsam. Während eines *Takuhatsu* (des religiösen Bettelgangs der buddhistischen Mönche), der uns nach Namazu führte, bekam ich die Ruhr, und in diesem erbärmlichen Zustand nahm ich am Juni-Sesshin des Jahres 1951 teil; ich war wirklich sehr krank. Wenn ich heute Photographien aus dieser Zeit sehe, so erkenne ich in der auf diesen Bildern festgehaltenen »Totenmaske« kaum mehr meine eigenen Züge.

Nakagawa Osho, der inzwischen zum Roshi ernannt worden war, brachte mich zu einem Arzt in Mishima, der mir jedoch nicht helfen konnte. Deshalb suchte ich Dr. Blyth in seiner Wohnung auf dem Anwesen der Peers' School in Tokio auf. Er führte mich zu seinem eigenen Hausarzt, der mir Antibiotika gab und so meine Ruhr kurierte. Ungeachtet dessen fühlte ich mich noch sehr schwach und ließ mich auf Nakagawa Roshis Anraten für einige Zeit beurlauben, um mich in einem Hotel auf der Halbinsel Izu von den vergangenen Strapazen zu erholen. Aber es war nicht weither mit der Erholung. Als das Ende meines einjährigen Japanaufenthaltes näherrückte, bemächtigte sich meiner immer mehr ein Gefühl des völligen Versagens, und das trotz der außergewöhnlichen Hilfsbereitschaft meiner Lehrer und Freunde.

Kurz bevor ich in die Vereinigten Staaten zurückreiste, gingen Nakagawa Roshi und ich noch gemeinsam in die bekannte buddhistische Morie-Shōten-Buchhandlung, die ganz in der Nähe der Tokioter Universität liegt, um eine Bodhidharma-Figur anzuschauen, die dort im Schaufenster ausgestellt war. Der Roshi bestand darauf, ich solle diese Figur kaufen, und das war eigentlich auch mein eigener Wunsch, da es sich um ein sehr ungewöhnliches und kunstvolles Stück handelte. Er beschämte mich, als er unseren Freunden erzählte, dieser Bodhidharma werde in dem Tempel, den ich in den USA zu gründen gedenke, einen zentralen Platz erhalten. Etwas derartiges überstieg damals noch meine kühnsten Träume. Trotzdem begleitete mich der Bodhidharma auf meiner Heimreise nach Honolulu, dann später nach Los Angeles und anschließend zurück nach Honolulu.

Wieder mit Frau und Kind vereint mußte ich feststellen, daß die staatliche Unterstützung, die ich aufgrund meiner Kriegsgefangenschaft während der vergangenen Jahre bezogen hatte, inzwischen ausgelaufen war. Ich nahm deshalb in einer nahe Honolulu gelegenen Kleinstadt eine Stellung in der Verwaltung an. Meine Frau und ich hatten uns jedoch während meines Japanaufenthaltes entfremdet, und zwei Jahre später kamen wir überein, uns zu trennen. Glücklicherweise ist es uns im Laufe der Zeit dann gelungen, Freunde zu werden, und auch mit meinem Sohn Tom, der jetzt zwanzig Jahre alt ist und kurz vor dem Abschluß des College steht, verbindet mich ein tiefes Gefühl der Zuneigung.*

1953 ging ich dann wieder aufs amerikanische Festland und schloß mich dort neuerlich Senzaki Sensei an; doch die Anstrengungen der vergangenen zwei Jahre sowie die gesundheitliche Schwächung, die ich während meines Japanaufenthaltes davongetragen hatte, bewirkten nun einen völligen körperli-

* Thomas Aitken arbeitet gegenwärtig für das Erziehungsministerium des Staates Hawaii.

chen Zusammenbruch. Ich verbrachte nun einige Zeit im Krankenhaus und brauchte danach noch viele Monate, um wieder ganz zu genesen.

Nach meiner Wiederherstellung arbeitete ich etwa ein Jahr lang in P. D. und Ione Perkins' asiatischem Buchladen, wo ich erstmals von Senzaki Sensei gehört hatte. Und dann half mir einer von Senseis Schülern, eine Stellung an der Happy Valley School in Ojai zu bekommen, wo ich Jahre zuvor vergeblich nach Krishnamurti gesucht hatte.

In dieser Phase setzte ich mein Zazen gemeinsam mit Senzaki Sensei fort; zu jener Zeit hatte ich jedoch im allgemeinen zu anderen Menschen ein sehr distanziertes Verhältnis. Ich fühlte mich isoliert und war unfähig, mich für andere zu öffnen. Nakagawa Roshi besuchte 1954 für einige Monate den Sangha in Los Angeles, und wir freuten uns beide sehr über das Wiedersehen. Doch insgesamt war dies für mich eine unfruchtbare Periode.

Ein Jahr lang konsultierte ich nun einen Psychologen, und nachdem ich wieder nach Ojai gezogen war, begab ich mich in psychiatrische Behandlung. Speziell diesem Arzt verdankte ich es, daß es mir allmählich wieder gelang, mich aus meiner inneren Isolation zu befreien und mich emotional zu öffnen. Im Februar 1957 heiratete ich dann Anne Hopkins, die stellvertretende Direktorin der Happy Valley School, und wir zogen gemeinsam in ein wunderschönes Haus mit großen Fenstern, die den Blick auf die Walnußgärten des Ojai-Valley freigaben.

Im Sonner dieses Jahres reisten Anne und ich nach Hawaii und Japan. In Honolulu trafen wir Tom, der damals sieben Jahre alt war. Er sehnte sich ganz offenbar nach seinem Vater, und da auch ich den Wunsch verspürte, in seiner Nähe zu sein, beschlossen Anne und ich, im folgenden Jahr nach Hawaii überzusiedeln.

Nach unserer Ankunft in Japan verbrachten wir zwei Wochen in Ryutakuji, wo wir den Mönch Eidō Shimano (Tai San) kennenlernten. Er war ein ernster und würdevoller junger Mann, und es war nicht zu übersehen, daß Nakagawa Roshi eine hohe Meinung von ihm hatte. Eido Shimano erklärte uns, daß er sehr gerne in die Vereinigten Staaten übersiedeln würde, und wir erklärten uns bereit, ihm dabei behilflich zu sein.

Ich nahm in Ryutakuji an einem Sesshin teil, und Anne und ich bestiegen gemeinsam mit Nakagawa Roshi den Fuji. Der Roshi nahm uns dann mit nach Tokorozawa, wo wir in Gegenwart Yasutani Roshis an dem historischen Sesshin vom August 1957 teilnahmen, das sieben Tage dauerte. Bei dieser Gelegenheit hatten Akira Kubota und Tatsuō Hiyama ihr Kensho.*

Für Anne war es das erste Sesshin, und sie selbst betrachtet diese Erfahrung als den Beginn ihrer Zen-Praxis. Yasutani Roshi war für mich eine regelrechte Offenbarung, denn er erschien mir wie ein Destillat reiner Energie. Als dieses Sesshin, das für Akira Kubota und Tatsuo Hiyama Kensho gebracht hatte, vorüber war, weinte ich vor Enttäuschung darüber, daß mir trotz der günstigen Umstände diese Erfahrung nicht zuteil geworden war.

Wir kehrten dann nach Amerika zurück und begannen unser letztes Schuljahr an der Happy Valley School; zugleich planten wir schon unseren Umzug nach Hawaii. Im Mai 1958 starb der inzwischen hochbetagte Senzaki Sensei, und Nakagawa Roshi kam nach Kalifornien und leitete zwei denkwürdige Sesshin der Sensei-Schüler. Beim ersten dieser beiden Sesshin fungierte ich als *Jisha*, während der Roshi die Funktion des *Jikijitsu* übernommen hatte. Ich glaube, daß dies das erste reguläre und vollständige Sieben-Tage-Sesshin war, das in den USA stattgefunden hat.

Emanuel Sherman, der später als Zen-Schüler nach Japan gehen sollte, fungierte während des zweiten Sesshin als Jisha, da Anne und ich wegen unseres Umzuges nach Honolulu daran nicht mehr teilnehmen konnten. Pauline Offner, die später ebenfalls als Zen-Schülerin nach Japan ging, nahm an diesen beiden Sesshin teil.**

* Die beiden gehören heute zu den »Veteranen« des Sanun-Zendo in Kamakura, das von Yamada Koun Roshi geleitet wird.

** Diese beiden westlichen Zen-Pioniere gingen später – allerdings getrennt – als Zen-Schüler nach Japan und von dort aus – wiederum getrennt – nach Südostasien, wo sie in buddhistische Orden aufgenommen wurden. Inzwischen sind sie beide verstorben.

Während Roshi Nakagawas Aufenthaltes in Los Angeles unterhielten Anne und ich uns mit ihm auch darüber, wie wir Tai San einen Aufenthalt in den Vereinigten Staaten ermöglichen könnten. Der Roshi war damit einverstanden, daß der junge Mönch im folgenden Jahr nach Amerika kommen sollte. Wir waren über diese Lösung äußerst erfreut, teils, weil sie uns die Möglichkeit gab, unser gegenüber Tai San gegebenes Versprechen einzulösen, und teils, weil wir hofften, daß Nakagawa Roshi unser Land regelmäßig besuchen werde, wenn sein Schüler erst einmal dort ansässig wäre.

Anne und ich kamen schließlich in Honolulu an und kümmerten uns zunächst um eine Möglichkeit des Broterwerbs. So verfielen wir auf die Idee, eine antiquarische Buchhandlung für fernöstliche religiöse Literatur und für Hawaiiana zu gründen. Ich stellte eine Liste aller Kunden zusammen, die sich speziell für fernöstliche Religionen interessierten, damit wir gleich nach Tai Sans Ankunft eine Möglichkeit hätten, eine Zen-Gruppe zusammenzubringen.

Tai San wurde indes krank und mußte seine Reise verschieben. Ich beschloß nun, wenn möglich das *Zazenkai* in eigener Regie zu starten und bat Nakagawa Roshi schriftlich um seine Genehmigung. Pauline Offner, die sich damals in Japan aufhielt und wegen einer dringenden Familienangelegenheit in die Vereinigten Staaten zurückkehren mußte, kam auf der Durchreise nach Honolulu und überbrachte uns die Einwilligung des Roshi. So fand nun unser erstes Zazen-Treffen im Oktober 1959 im Wohnzimmer unseres Hauses statt. Wir waren insgesamt vier Personen. So hatte Bodhidharma nun schließlich doch eine Heimstatt gefunden.

Anfang 1960 kam Nakagawa Roshi zu Besuch und leitete ein Sesshin. Bis zu diesem Zeitpunkt hatten wir uns nur einmal wöchentlich getroffen. Nach dem Aufenthalt des Roshi setzten wir zwei Begegnungen in der Woche fest. Und diesen Rhythmus haben wir in unserem Zendo in Honolulu seither ohne Unterbrechung beibehalten.

Während seines Besuches im Frühjahr 1960 reiste Nakagawa Roshi auch nach Kalifornien und konnte Senseis alte Gruppe wiederbeleben, die seit dessen Tod nur mehr vor sich hindämmerte. Auf der Rückreise leitete er in Hawaii ein weiteres Sesshin, und wir hatten das Gefühl, daß unsere Gruppe nun auf einer sicheren Basis stehe. Im August jenes Jahres konnte Tai San endlich zu uns kommen und die Leitung unseres Zazen übernehmen.

Zu dieser Zeit trafen wir uns regelmäßig in unserem unweit des Koko-Head-Kraters gelegenen Haus. Der Name dieses Kraters spielte auch für den Namen »Koko An«*, den Nakagawa Roshi unserem Zendo gab, eine Rolle. Dieses Haus war allerdings für unsere Treffen wenig geeignet, und so verkauften wir es und erwarben in der Nähe der Universität von Hawaii ein größeres Anwesen, das heutige Koko An. Von dort aus hat man einen Blick auf den Diamond Head, einen anderen Krater, der zugleich auch eines der Wahrzeichen von Wakiki Beach ist; und dieser Umstand hatte auch Auswirkungen auf die Wahl des Namens, den wir unserer Gemeinschaft gaben – der »Diamant-Sangha«.**

Nakagawa Roshi stattete uns 1961 einen weiteren Besuch ab und nahm gemeinsam mit uns an zwei Sesshin teil; das erste fand in unserem alten, das zweite bereits im neuen Koko An statt. Für das erste dieser beiden Sesshin, das im Frühling stattfand, hatte ich mir besonders viel vorgenommen. Ich *saß* halbe Nächte lang und gelangte so in sehr tiefe Schichten meiner Psyche. Einmal erlebte ich ein Makyō, in dem ich auf dem Steinfußboden eines gewaltigen alten Tempels saß, dessen riesige Säulen zu einem hoch oben schwebenden Gewölbe emporstrebten. Außerordentlich großgewachsene Mönche in schwarzen Gewändern umschritten mich in einem Kreis und deklamierten dabei mit tiefer Stimme Sutras. Es war mir, als sei ich Zeuge eines Geschehens aus uralter Vorzeit.

Am Nachmittag des fünften Tages stieß Nakagawa Roshi, während wir *saßen*, plötzlich ein langgezogenes *»Katsu!«* aus, und ich stimmte in sein »Aaahh!« ein. Während des nächsten Dokusan stellte er mir – wie ich heute weiß – »Fangfragen«. Als

* »Koko An« bedeutet auf Japanisch »der kleine Tempel gleich hier«.

** Die Bezeichnung »Diamant-Sangha« deutet ebenfalls auf das Diamant-Sūtra.

ich darauf nichts zu antworten wußte, beendete er ganz einfach unsere Unterredung. Während eines späteren Dokusan erklärte er mir dann, ich hätte einen leichten Schimmer des Lichtes kennengelernt und ich solle sehr behutsam sein.

In der Schlußansprache, die er nach Abschluß des Sesshin hielt, sagte der Roshi: »Einer von euch hat das Licht von ferne leuchten sehen.« Ich wußte, daß damit meine Erfahrung gemeint war, ich nahm diese Bemerkung jedoch nicht so ernst. Aber dennoch hatte ich den Eindruck, daß die Weite meines Geistes unendlich zugenommen habe. Alles strahlte und erschien mir völlig neu. Ich wußte, daß ich ein gutes Sesshin gehabt hatte.

Zwischen den beiden Sesshin, die 1961 in Hawaii stattfanden, besuchte Nakagawa Roshi Los Angeles und New York, und in New York führte er mit Unterstützung von Dr. Paul und Frau Weisz und anderer seiner dortigen Anhänger erstmals ein Sesshin an der amerikanischen Ostküste durch. So legte er das Fundament für die späteren Sesshin, die an der Ostküste stattfanden, und war dabei behiflich, einige der Zen-Organisationen ins Leben zu rufen, die heute in diesem Teil Amerikas gedeihen.

Im Anschluß an das zweite Sesshin von 1961 riefen wir den *Diamond-Sangha-Newsletter* ins Leben, eine Publikation, die inzwischen bereits seit elf Jahren erscheint. In diesem Blatt sind im Laufe der Jahre wichtige Artikel über Zen erschienen. Dieses in gewissen Abständen verschickte Rundschreiben hat es uns am Anfang auch erheblich erleichtert, die Reisen der beiden Roshis Soen Nakagawa und Hakuun Yasutani zu koordinieren. Später erschienen dann noch in diesem Blatt von unserem Ratgeber Katsuki Sekida verfaßte Anleitungen zur Praxis des Zen.*

Im Sommer 1961 beschlossen Anne und ich, unsere Schulung in Japan fortzusetzen. Wir verkauften also unseren Buch-

* Der Rundbrief wurde später eingestellt, und meine Gespräche und sonstigen Mitteilungen erscheinen jetzt in der Vierteljahresschrift *Blind-Donkey*. Der Diamant-Sangha gibt außerdem die Publikation *Kahawai, Journal of Women in Zen* heraus.

laden, ließen das Zendō in Tai Sans Obhut zurück und fuhren zunächst nach Ryutakuji und machten uns dann auf Nakagawa Roshis Anraten hin auf den Weg zum Taihei An in Sekimachi, um gemeinsam mit Yasutani Roshi zu arbeiten. Yasutani Roshi nahm uns sehr herzlich auf, und schon bald hatten er und seine Studenten ganz in der Nähe ein Häuschen für uns gefunden; sie taten im übrigen alles, um uns den Aufenthalt so angenehm wie möglich zu machen. Wir genossen es, frühmorgens zum Dokusan in das Zendō hinüberzugehen, und zogen großen Gewinn aus den in periodischen Abständen angesetzten Sesshin. So freundeten wir uns allmählich mit der japanischen Lebensweise an und lernten beispielsweise den Brauch schätzen, täglich ein öffentliches Bad aufzusuchen. Die intensive Zazen-Praxis machte sich im übrigen äußerst positiv bemerkbar, und wir schlossen mit einigen der Zen-Schüler in Sekimachi, aber auch während der in Kamakura stattfindenden Zazenkai wertvolle Freundschaften. Unglücklicherweise reagierte ich jedoch äußerst empfindlich auf das Tatami, auf dem ich schlief, so daß ich unter häufigen Asthmaanfällen zu leiden hatte, die ich jedoch zu ignorieren versuchte. Soweit ich mich erinnere, habe ich nur einmal einen Teil eines Sesshin verpaßt.

Gegen Ende unseres Aufenthaltes erzählte mir Philip Kapleau, daß Yasutani Roshi willens sei, in die Vereinigten Staaten zu reisen und dort Sesshin zu leiten. Über diese Frage sprach ich dann mit Yasutani Roshi selbst. Er bestätigte diesen Wunsch und teilte mir mit, er würde sich gerne in Hawaii zur Ruhe setzen. Über diese Aussicht waren wir hocherfreut, und wir versicherten ihm, wir würden alles tun, um ihn zu unterstützen.

Nakagawa Roshi sollte eigentlich 1962 wieder die USA besuchen. Aber da seine Mutter starb, sagte er diese Reise kurzfristig ab und bat Yasutani Roshi, an seiner Stelle zu fahren. Ich glaube, daß er auch Tai Sans weitere Schulung bei dieser Gelegenheit Yasutani Roshi übertrug.

Dies war die erste einer langen Reihe von Besuchen, die Yasutani Roshi in den darauffolgenden Jahren – bis 1969 – den Vereinigten Staaten abstattete. Wenn ich mir vor Augen führe, wieviel Zeit und Energie unser alter Meister damals für uns aufwendete, so fühle ich mich dieser hingebungsvollen und konzentrierten Arbeit zutiefst unwürdig.

Vor jedem Sesshin war ich voll großer Erwartungen und hoffte, daß es mir diesmal gelingen werde, wieder den gleichen Zustand zu erreichen wie während des ersten der beiden Sesshin von 1961. Aber ich wurde jedesmal enttäuscht. Der Roshi war freundlich und sprach mir Mut zu, aber während Dokusan wußte ich nichts zu sagen, und insgeheim fühlte ich mich zutiefst entmutigt. Ganz offensichtlich hatte ich in meiner Zazen-Praxis einen toten Punkt erreicht.

Da wir wußten, daß Yasutani Roshi sich in Hawaii zur Ruhe setzen wollte, kauften wir in Pupukea auf der ländlichen Seite der Insel Oahu ein kleines Anwesen. Dann arbeiteten die Mitglieder unseres Sangha während eines ganzen Jahres an allen Wochenenden an der Instandsetzung und Verschönerung des Hauses. Wir wollten dem Roshi und Satomi San* den Aufenthalt so bequem und angenehm wie möglich machen. Außerdem rodeten wir den Boden, legten einen Garten an und pflanzten Obstbäume.

1964 nahm Tai San die Einladung an, nach New York überzusiedeln, wo er seither den Zendō der Zen Studies Society aufgebaut hat. Vor einiger Zeit hat er außerdem im Bergland des oberen Staates New York ein Zen-Zentrum gegründet. Yasutani Roshi sah sich nun vor die Ausicht gestellt, sich in einem fremden Land zur Ruhe zu setzen, ohne daß ihm ein guter Dolmetscher zur Verfügung gestanden hätte. Außerdem drängten ihn seine japanischen Schüler, seinen Ruhestand noch für eine Weile aufzuschieben. Deshalb beschloß er, den Pupukea-Plan aufzugeben. Wir verstanden seine schwierige Situation und verkauften das Anwesen.

Yasutani Roshi stattete uns jedoch in Verbindung mit seinen Aufenthalten in Los Angeles und New York weiterhin alljährlich einen Besuch ab und leitete bei dieser Gelegenheit auch jeweils ein Sesshin. Wir führten nun unsere Zazenkai ohne die Unterstützung eines japanischen Meisters bis zum Juni 1965

* Satomi Myōdō Ni war eine ältere Nonne, die Yasutani Roshi den Haushalt führte.

fort, als sich Herr Katsuki Sekida, ein Laienschüler aus Ryutakuji, auf Nakagawa Roshis Anregung hin dem Koko An anschloß. Herr Sekida ist seither ständig bei uns geblieben, obwohl er, während ich dieses schreibe, gerade zu einem Besuch der dortigen Ryutakuji-Niederlassung in London weilt.*

Zwischen 1962 und 1969 arbeitete ich in der Verwaltung der Universität von Hawaii, und zwar überwiegend für das Zentrum für ostwestliche Begegnung. Im Zusammenhang mit dieser Arbeit hatte ich einmal die Gelegenheit, Asien zu besuchen; dabei konnte ich jedoch leider nur für einige Tage in Japan Zwischenstation machen. Immerhin vermittelten mir meine Aufenthalte in den verschiedenen süd- und südostasiatischen Ländern eine sehr intensive Vorstellung von der Vielfalt des Buddhismus.

Etwa 1966 oder 1967 bemerkte ich, daß ich den Sinn einiger Koan plötzlich verstand. Insbesondere erinnere ich mich an das Beispiel »Yen-kuan und der Rhinozeros-Fächer«.

> Yen-kuan: »Bring mir den Rhinozeros-Fächer.«
> Diener: »Der ist zerbrochen.«
>
> Yen-kuan: »Dann bring mir das Rhinozeros.« Der Diener wußte darauf keine Antwort.**

Ich hatte den Eindruck, ein intelligentes fünf Jahre altes Kind hätte das häßliche alte Viech zu Yen-kuan bringen können. Zu jener Zeit wußte ich jedoch noch nichts mit der ersten Antwort des Dieners – »Der ist zerbrochen« – anzufangen.

Gerade in dieser Phase waren die Gespräche mit Herrn Sekida, seine Schriften und sein persönlicher Rat für mich von immenser Bedeutung. Meine Zazen-Erfahrung vertiefte sich, als ich anfing, den Samadhi-Aspekt der Zen-Schulung höher zu bewerten.

* Herr Tekida hat sich kurze Zeit später in sein Haus in Japan zurückgezogen.

** Hierbei handelt es sich um das einundneunzigste Beispiel aus der »Niederschrift von der blaugrünen Felswand«. Siehe Bibliographie.

1967 fingen Anne und ich an, Gedanken über unsere Lebensgestaltung im Alter anzustellen. Deshalb besichtigten wir verschiedene als Rückzugsort in Frage kommende Grundstücke auf der Insel Oahu. Eine Frau, die zu unserer Zen-Gruppe gehörte, hatte sich auf der Insel Maui niedergelassen, und als wir sie einmal besuchten, entdeckten wir in einer entlegenen Gegend der Insel ein schönes Stück Land mit einem kleinen Häuschen darauf. Wir kauften das Grundstück und erfuhren bei dieser Gelegenheit, daß das Haus in der Vergangenheit häufig an junge »Aussteiger« vermietet worden war. Wir behielten diese Gepflogenheit bei und lernten dann während unserer gelegentlichen Besuche diese jungen Leute näher kennen; so entwickelten wir allmählich ein Verständnis für ihre Werte und Probleme.

Ich weiß nicht mehr genau, wann wir beschlossen, auf unserem Grundstück auf der Insel Maui ein Zen-Zentrum zu gründen. Dieser Entschluß kristallisierte sich, soweit ich mich erinnere, während des folgenden Jahres heraus. Es zeigte sich nämlich, daß sich unter den vielen jungen Leuten, die vom US-Festland nach Maui gekommen waren, eine ganze Reihe von potentiellen Mitgliedern befanden, deren ernsthaftes Interesse man so auf die Praxis des Zen lenken konnte.

Im Juni 1968 hatte eines der Mitglieder unseres Koko An das Studium an der Universität von Hawaii abgeschlossen, und der junge Mann erklärte sich bereit, das auf Maui gelegene Haus zu reparieren und den dortigen Bewohnern Zazen Sitzungen anzubieten. Während des folgenden Jahres wurde die Zen-Atmosphäre in dem Haus immer deutlicher spürbar. Viele der jungen Leute nannten es jetzt das »Haiku-Zendō«. »Haiku« war jedoch in diesem Fall der hawaiianische Name des Distriktes, in dem das Haus lag. Ich hatte für diesen Namen allerdings schon allein deswegen nicht sonderlich viel übrig, weil es in Los Altos in Kalifornien bereits ein »Haiku-Zendo« gab, das seinen Namen dem Umstand verdankte, daß es siebzehn Personen Platz bot.*

* Das klassische japanische Haiku-Gedicht besteht aus siebzehn Silben.

Als wir später nach Maui übersiedelten, benannten wir das Haus in »Maui Zendo« um, und so heißt es noch heute.

Am 1. Juli 1969 war es mir schließlich möglich, meinen Abschied von der Universität von Hawaii zu nehmen und ganz nach Maui überzusiedeln. Begleitet wurden wir von Brian Baron, einem der ersten Mitglieder des Koko An, der bereit war, auf unserem kleinen Anwesen den »technischen Direktor« zu spielen. Außerdem kamen noch zwei andere Leute mit, die aber einige Zeit später wieder abreisen wollten. Anne und Herr Sekida folgten uns dann im September. Den von uns damals aufgestellten Tagesplan haben wir während der vergangenen zweieinhalb Jahre noch ein wenig modifiziert, so daß er heute folgendermaßen aussieht.

5.00 morgens	Aufstehen und Waschen
5.10	Zazen
5.50	Koan-Studium
6.30	Frühstück
7.00	Arbeitseinteilung, Saubermachen, Arbeitsperiode
9.30	Erfrischungspause
10.50	Ende der Arbeitsperiode
11.10	Zazen
11.50	Ende des Zazen
Mittag	Mittagessen, kurze Ruhepause
13.00	Arbeitsperiode
15.00	Ende der Arbeitsperiode, Erfrischung, Ruhe
16.30	Zazen
17.10	Ende des Zazen
17.20	Abendbrot, Silentium
19.10	Zazen (Unterredungen zweimal wöchentlich)
21.00	Licht aus*

* Unser Zendō auf der Insel Maui hat inzwischen ein eigenes Grundstück samt Gebäude. Dieses Anwesen befindet sich etwa eine Meile von dem alten Haus entfernt, wo Anne und ich noch immer wohnen. Unser Tagesablauf hat sich in einigen Punkten geändert.

In der Zwischenzeit hatten wir das zum Koko-An-Zendo gehörige Haus an drei Leute vermietet, die bereit waren, es für zwei wöchentliche Zusammenkünfte zur Verfügung zu stellen. Nach etwa einem Jahr waren die Mitglieder des Koko An finanziell soweit unabhängig, daß einige der Mitglieder das Haus übernehmen konnten und die ursprünglichen Mieter auszogen. So ist Koko An heute ebenfalls ein autonomes Zen-Zentrum, und die dort lebenden Zen-Anhänger befolgen einen genauen Zazen-Zeitplan, während sie untertags arbeiten oder aufs College gehen.*

Meine nie sehr robuste Gesundheit verursachte mir nach unserem Umzug nach Maui schwere Probleme. Es bereitete mir Schwierigkeiten, gemeinsam mit Menschen, die von diesen Dingen keine Ahnung hatten und an eine eher hedonistische Lebensweise gewöhnt waren, ein genau geregeltes klösterliches Leben zu führen. Meine eigene »Führungsschwäche« war mir schmerzlich bewußt. Außerdem übernahm ich mich vermutlich bei der Reparatur und Vergrößerung unseres Hauses. Jedenfalls war ich während einer Periode von etwa achtzehn Monaten immer wieder ziemlich krank. Immerhin gelang es uns, mit Herrn Sekidas, Mr. Barons und der Hilfe meiner Frau Anne in dieser schwierigen Zeit die Flamme des Dharma kontinuierlich am Leben zu erhalten.

Herr Sekida war für mich in dieser Phase eine große Ermutigung. Er war der Meinung, daß ich Kensho erlangt habe, und er gab dieser Meinung gegenüber Yasutani Roshi Ausdruck, als dieser uns im Oktober 1969 während unseres ersten Sesshin im »Maui Zendō« seinen letzten Besuch abstattete. Der Roshi war damit einverstanden zu prüfen, welche Fortschritte ich bei der Koan-Arbeit erzielt hatte. Ich indes war weniger zuversichtlich und arbeitete während dieses Sesshin lediglich an zwei mehr oder weniger zufälligen Koan. Ich war mir nicht darüber im klaren, wie ich mich unter diesen neuen Umständen während

* Die Zen-Praxis ist im Koko-An-Zendo niemals zum Erliegen gekommen. Das Zentrum hat heutzutage mehr Mitglieder als unser Zendo auf Maui. Ich fahre monatlich einmal dorthin, um ein Zazenkai oder ein Sesshin zu leiten.

Dokusan verhalten solle, und ich wußte auch nicht recht, was unter der Aufforderung, ich solle meine Ansichten »zeigen«, zu verstehen sei.

Nakagawa Roshi kam im Oktober 1970 zu uns und nahm an einem kurzen Sesshin teil, aber zu dieser Zeit hatte ich gerade mit besonders schweren Problemen zu kämpfen, und so erinnere ich mich auch nicht, daß ich ein ernsthaftes Dokusan bei ihm gehabt hätte. Eigentlich sollte er im Oktober 1971 zweimal zu uns kommen, um Dokusan zu leiten, aber da er selbst krank geworden war, mußte er die Reise aufschieben, und er konnte schließlich überhaupt nicht nach Hawaii kommen. Allerdings nahm ich an einem Sesshin teil, das er gemeinsam mit Tai San im August 1971 in Kalifornien leitete. Anläßlich dieses Sesshin stellte mir Nakagawa Roshi eine Reihe von Prüfungsfragen, und bestätigte die Meinung, die sich Sekida Sensei und Yasutani Roshi bezüglich meines Kenshō gebildet hatten. Wir besprachen auch einige Koan aus dem *Wu-men-kuan*, und ich begriff allmählich, worauf es bei der Dokusan-Prozedur – auch jenseits des Koan Mu – ankommt.

Nach dem Sesshin kamen Nakagawa Roshi und ich überein, daß ich Yamada Koun Roshi, den Dharma-Nachfolger Yasutani Roshis, einladen solle, regelmäßig nach Hawaii zu kommen. Anne und ich hatten Yamada Roshi anläßlich des Zazenkai in Kamakura zehn Jahre zuvor kennengelernt, und so waren wir über diese neue Aussicht höchst erfreut.

Jetzt, während ich dies schreibe, haben wir bereits zwei Sesshin gemeinsam mit Yamada Roshi durchgeführt, und zwar beide 1971: eines davon im Koko An und ein zweites auf Maui. Ein Mitglied der Maui-Gruppe erlangte bei dieser Gelegenheit Kenshō, und auch andere Zen-Schüler beider Gruppen machten bedeutende Fortschritte.

Auch ich fühle mich in meiner Kenshō-Erfahrung bestärkt, und ich widme mich dem Koan-Studium so intensiv, wie es mir nur eben möglich ist.

Wir anerkennen Yamada Roshi als unsern wahren Meister, der an jedem Schüler persönlich interessiert ist, uns alle beim Namen nennt und uns ermutigt. Die Kenshō-Erfahrung eines Schülers erkennt er jedoch nur an, wenn dieser über jeden

Zweifel erhabene »Beweise« dafür vorbringen kann. Seine Teishō sind für uns alle immer wieder eine Offenbarung. Wir können das Glück noch gar nicht fassen, daß er uns als Schüler angenommen hat und daß wir zukünftig in unserem Zendō während seiner regelmäßigen Besuche gemeinsam mit ihm Sesshin durchführen können.*

Wenn ich so auf meine halbherzigen Bemühungen auf dem Weg des Zen zurückblicke, so fällt mir auf, daß Meister, Freunde und Familienangehörige soviel Stärke und Entschiedenheit von mir verlangt haben, wie ich sie mir selbst niemals zugetraut hätte. Am Anfang standen Blyth Sensei und Senzaki Sensei, dann folgten Nakagawa Roshi, Yasutani Roshi und Sekida Sensei, und jetzt zum Schluß steht mir Yamada Roshi zur Seite, der mich ganz und gar mit neuem Leben erfüllt hat.

Die Mitglieder des Koko-An – und in letzter Zeit des Maui-Zendō, mit denen gemeinsam Anne und ich wie ältere Geschwister leben, erwarten von uns eine Art der Anleitung, die wir ihnen nun endlich – jedenfalls ansatzweise – geben können. Unser Verhältnis zu den zehn festen Mitgliedern unseres Maui-Zendō ist im Laufe der Monate und Jahre immer herzlicher und verantwortungsbewußter geworden; und heute »funktioniert« das Maui-Zendō fast von allein, und jeder einzelne von uns erfüllt turnusgemäß völlig selbstverständlich seine zahlreichen Haushalts-, Garten- und Zendō-Pflichten. Wir sind eine echte Zen-Familie geworden und haben große Freude aneinander, während wir uns gemeinsam der lebenswichtigen Arbeit unterziehen, das Wahre-Wesen zu schauen.

Während der zwölf Jahre, die seit der Gründung des Diamant-Sangha im Jahre 1959 vergangen sind, hat Anne mich beständig unterstützt und ermutigt. Nichts wäre ohne ihre Hilfe möglich gewesen. Auf ihr lag während meiner Krankheitsphasen die Hauptverantwortung, und selbst in den schwierigsten Zeiten hat sie niemals auch nur angedeutet, daß all ihre Bemühungen möglicherweise sinnlos seien.

* Inzwischen fünfundsiebzig Jahre alt, besucht Yamada Roshi den Diamant-Sangha noch immer in regelmäßigen Abständen, um unsere fortgeschrittenen Schüler zu prüfen und Teishō zu geben.

Ich glaube, daß ich meinen schlechten Gesundheitszustand vorerst überwunden habe. Vielleicht hat es sich sogar zum Teil um eine Art von Zen-Krankheit gehandelt, um die Gärung eines inneren Potentials, das noch der Verwirklichung bedurfte. Das Vertrauen, das Yamada Roshi mir bezüglich meiner Fähigkeit, auf dem Weg des Zen voranzuschreiten, entgegengebracht hat, ist so groß, daß ich von einer mir früher geradezu unvorstellbaren Zuversicht und einem kaum zu beschreibenden Glücksgefühl erfüllt bin. Ich fühle mich ihm zu tiefstem Dank verpflichtet und bin nur bestrebt, sein Vertrauen zu rechtfertigen.

Maui Zendō am Thanksgiving-Tag 1971

NACHWORT

Inzwischen sind ungefähr elf Jahre vergangen, und ich habe diese Erinnerungen noch einmal mit gemischten Gefühlen durchgelesen. Ich würde sie heute nicht mehr in der gleichen Weise schreiben (und ganz sicher würde ich das Wort »Kenshō« nicht so häufig in den Mund nehmen), aber damals waren diese Aufzeichnungen für mich von Bedeutung, und ich bin überzeugt, daß sie auch heute für manch einen Zen-Schüler von Nutzen sein können.

Im Rückblick verstehe ich die lange »dunkle Nacht«, die ich zwischen 1961 und 1971 durchlebte, wesentlich besser als noch vor zehn Jahren. Die Erfahrungen, die ich in dem ersten der beiden 1961 von Nakagawa Roshi geleiteten Sesshin gemacht hatte, waren nicht tief genug, um mir wirkliche Einsicht zu vermitteln, und es bedurfte noch vieler Jahre des Zazen, bevor ich innerlich darauf vorbereitet war, tatsächlich mit der Praxis des Zen zu beginnen. Eine derartige Chronologie der inneren Entwicklung mag nicht gerade der übliche Fall sein, aber bisweilen begegne ich auch anderen Menschen, die auf eine ähnliche Geschichte zurückblicken können.

In den Jahren nach der Abfassung dieses Berichtes machte ich beim Koan-Studium relativ rasche Fortschritte. Yamada Roshi kam in diesen Jahren ziemlich häufig nach Hawaii und leitete in unserem Zentrum zahlreiche Sesshin. Und Anne und ich besuchten ihn zwischen 1972 und 1975 immer wieder für längere Zeit im Sanun-Zendō in Kamakura. Der Roshi widmete uns sehr viel Zeit, und er gab mir mindestens zweimal am Tag Dokusan – während Sesshin sogar noch häufiger. Auch Anne machte während dieser Periode in ihrer Zen-Praxis schöne Fortschritte.

Im Dezember 1974 befand Yamada Roshi, daß ich bereit sei, selbstständig zu lehren. Und das ist seither am Maui-Zendō und am Koko-An-Zendō meine einzige Beschäftigung gewesen. Gelegentlich statte ich unserem Zendō in Sydney und dem Ring of Bone Zendō Besuche ab; und hin und wieder fahre ich nach Tacoma im Staat Washington und führe gemeinsam mit katholischen Freunden Sesshin durch. Wie ich bereits vor elf Jahren geschrieben habe, bringe ich Yamada Roshi ein Gefühl tiefer Dankbarkeit entgegen, und mein wichtigstes Handlungsmotiv ist es nach wie vor, sein Vertrauen zu rechtfertigen.

ANMERKUNGEN

1 Philip Kapleau [Hrsg.], Die drei Pfeiler des Zen: Lehre, Übung und Erleuchtung, Zürich/Stuttgart 1969
2 Abend-Botschaft, Tägliche Zen-Sutras, Diamant-Sangha, Honolulu und Haiku, Hawaii
3 Siehe Yaichiro Isobe [Übers.], Musings of a Chinese Vegetarian, Tokio 1926. Diese Arbeit ist vergriffen. Siehe ebenfalls: Norman Waddell [Übers.], A Selection from the Ts'ai Ken T'an, in: The Eastern Buddhist, New Series 2, Nr. 2, 1969, S. 88–98
4 Siehe Kapleau, Die drei Pfeiler des Zen, a.a.O.
5 Koun Yamada und Robert Aitken [Übers.], Hekiganroku, Diamant-Sangha, Honolulu und Haiku, Hawaii. Siehe Wilhelm Gundert [Übers.], Bi-yän-lu (dt. »Niederschrift von der blaugrünen Felswand«), 3 Bde., München 1964, 1967, 1973
6 Koun Yamada und Robert Aitken [Übers.], Mumonkan, Diamant-Sangha, Honolulu und Haiku, Hawaii. Siehe Heinrich Dumoulin, Mumonkan (dt. »Die Schranke ohne Tor«), Mainz 1975
7 Robert Aitken, A Zen Wave: Basho's Haiku und Zen, New York 1978
8 Siehe Hee-Jin Kim, Dogen Kigen: Mystical Realist, Tucson: University of Arisona Press, 1975
9 Haruka, Nagai, Mako-Ho: Five Minutes Physical Fitness, New York 1972. Diese Arbeit ist vergriffen.
10 Heinrich Dumoulin, Mumonkan, a.a.O.
11 Siehe Francis Dojun Cook, Hua-Yen Buddhism: The Juwel Net of Indra, University of Pennsylvania Press, 1977
12 Siehe Hakuyu Taizan Maezumi [Übers.], The Way of Everyday Life: Zen Master Dogen's Genjkoan with Commentary, Los Angeles 1978
13 Siehe Heinrich Dumoulin, a.a.O.
14 [Nyogen Senzaki], Buddha and His Disciples: A Guide to Buddhism, Tokio 1932. Diese Arbeit ist vergriffen.
15 Siehe Heinrich Dumoulin, a.a.O.
16 Siehe A. F. Price [Übers.], The Diamond Sutra, Book One of the Diamond Sutra and the Sutra of Hui Neng, Boulder 1969. Siehe auch D. T. Suzuki [Übers.], The Kongyokyo or Diamond Sutra, in: Manual of Zen Buddhism, New York 1960

17 Prajña Paramita Heart Sutra, Daily Zen Sutras. Siehe auch Suzuki, English Translations of the Shingyo, in: Manual of Zen Buddhism
18 [Flora Courtois], An American Woman's Experience of Enlightenment, Los Angeles 1971. Dieses Werk ist vergriffen.
19 Eugene T. Gendlin, Focusing, New York 1978
20 Mealtime Veneration, Daily Zen Sutras
21 Um die Bedeutung der Schritt-für-Schritt-Praxis zu unterstreichen, sprechen Zen-Meister bisweilen von dem »Keim der Buddhaschaft«, aber dies verdunkelt eher die komplementäre Aussage, die in den folgenden Worten des Buddha enthalten ist: »Alle Wesen sind Tathagata, und es ist ihre Aufgabe zu erkennen, was bereits von jeher der Fall gewesen ist.« Die Vorstellung, man könne die Buddhaschaft erlangen, ist ziemlich albern. Auch Wasser kann man nicht »nasser« machen, als es ohnehin schon ist. Siehe dazu: Zenkei Shibayama, A Flower Does Not Talk, Rutland Vt. 1970
22 Hakuin Zenjis »Preislied des Zen«, in: Zenkei Shibayama, Zen in Gleichnis und Bild, Bern 1974. Siehe auch: D. T. Suzuki, Hakuins ›Song of Meditation«, in: Manual of Zen Buddhism
23 Siehe Heinrich Dumoulin, a.a.O.
24 Yamada und Aitken. Siehe Wilhelm Gundert, Niederschrift von der blaugrünen Felswand, a.a.O.
25 Great Vows for All, Daily Zen Sutras. Siehe Suzuki, The Four Great Vows, in: Manual of Zen Buddhism
26 Hakuin Zenjis »Preislied des Zen«, in: Zenkei Shibayama, Zen in Gleichnis und Bild
27 Zenkei Shibayama, A Flower Does Not Talk
28 Heinrich Dumoulin, a.a.O.
29 Siehe Arthur Waley [Übers.], The Way and its Power, London 1949, S. 141. Vergl. meine Übersetzung mit dem chinesischen Text in: Paul Carus, The Canon of Reason und Virtue, Chicago 1945, S. 27
30 Eido Shimano und Robert Aitken [Übers.], Shodoka, Daily Zen Sutras. Siehe Suzuki [Übers.], Yoka Daishi's Song of Enlightenment, in: Manual of Zen Buddhism, S. 101; siehe auch: Nyogen Senzaki und Ruth Strout McCandless [Übers.], Sho-do-ka by Yoka-daishi, in: Buddhism and Zen, New York 1953, S. 69. Die letztgenannte Arbeit ist vergriffen.
31 Purification, Daily Zen Sutras. Siehe Suzuki, Confession, in: Manual of Zen Buddhism, S. 13
32 Prajña Paramita Heart Sutra, Daily Zen Sutras; siehe Suzuki, Manual of Zen Buddhism, S. 26
33 Mou-lam Wong [Übers.], The Sutra of Hui Neng, Buch zwei von:

Diamond Sutra and the Sutra of Hui Neng, S. 51; Philip B. Yampolsky, The Platform Sutra of the Sixth Patriarch, New York 1967, S. 143 (und Fußnote)

34 Ti Sarana, Daily Zen Sutras. Siehe Richard Gard, Buddhism, New York 1962, S. 52–57

35 Yasutani Hakuun, Inner Zen Teachings on the Three Treasures of Buddhism; übers. v. Kenneth L. Kraft, unveröffentl. Ms.

36 Emmei Jikku Kannon Gyo, Daily Zen Sutras. Siehe Suzuki, The Yemmei Kwannon Ten-Clause Sutra, in: Manual of Zen Buddhism, S. 16

37 Hakuyu Maezumi, Jukai: Receiving the Precepts, in: The Ten Directions 2, Nr. 2, 1981

38 D. T. Suzuki Essays in Zen Buddhism, dritte Serie, London 1976 Bildtafel 33

39 Yampolsky, The Platform Sutra of the Sixth Patriarch, S. 148

40 Siehe Nyogen Senzaki und Ruth Strout McCandless, The Iron Flute, Rutland Vt. 1961, S. 58. Dieses Werk ist vergriffen.

41 Siehe Heinrich Dumoulin, a.a.O.

42 Siehe Zenkei Shibayama, Zen Comments on the Mumonkan, New York 1975, S. 20f.

43 Die moderne japanische und kantonesische Aussprache lautet »Mu«. In der chinesischen Standardsprache der Gegenwart hingegen lautet die Aussprache »Wu«.

44 Shibayama. A Flower Does Not Talk, S. 118f.

45 Kapleau, op. cit.

46 Siehe Kapleau, op. cit. Siehe auch: Charles Luk [Übers.], The Surangama Sutra, London 1966, S. 97ff. Dieses Werk ist vergriffen.

47 Maezumi, The Way of Everyday Life

48 Koun Yamada und Robert Aitken [Übers.], Shoyoroku, Diamant-Sangha, Honolulu und Haiku, Hawaii. Beispiel 14. Siehe auch Thomas Cleary, The Book of Serenity, Weatherhill, o. J.

49 Hakuin Zenjis »Preislied des Zen«, in: Zenkei Shibayama, Zen in Gleichnis und Bild, a.a.O.

GLOSSAR

Agura – (japanisch) eine Art Schneidersitz, bei dem beide Füße unter den Oberschenkeln liegen
Aikidō – (japanisch) eine Methode, den Geist zu beruhigen; eine der japanischen Kriegskünste
Amida – (japanisch) Amitabha
Amitābha – (Sanskrit) Buddha des Grenzenlosen Lichts und Lebens; steht in der Schule des Reinen Landes im Mittelpunkt der Verehrung
Anuttara-Samyaksambodhi – (Sanskrit) vollkommene, alldurchdringende Erleuchtung
Arhat – (Pali) ein von jeglichem Verlangen freier Mensch; das Ideal des südlichen Buddhismus
Bodhi – (Sanskrit) Erleuchtung
Bodhi-Baum – *siehe Bodhi*; Feigenbaum (Ficus religiosa), unter dem der historische Buddha die Vollkommene Erleuchtung erlangte
Bodhisattva – (Sankrit) erleuchtetes Wesen; das Ideal des nördlichen Buddhismus; ein Mensch, der in der Arbeit für andere sein Selbst vergißt
Buddha – (Sanskrit) der Erwachte; Shakyamuni; eine von zahlreichen Figuren des buddhistischen Pantheons; ein Wesen
Butsu – (japanisch) Buddha
Ch'an – (*auch Chan*, chinesisch) Zen
Ch'an-na – (*auch Channa*, chinesisch) Dhyana
Dharma – (Sanskrit) religiöses, weltliches oder natürliches Gesetz; das Gesetz des Karma oder der Erscheinungswelt, Tao oder Weg, Lehre; reine Leere
Dhyāna – (Sanskrit) Versunkenheit; Meditationstechnik; *siehe Samadhi*
Dōjō – (japanisch) Ort der Erleuchtung des Buddha unter dem Bodhi-Baum; Schulungszentrum
Dokusan – (japanisch) alleine gehen; alleine arbeiten; Sanzen oder die persönliche Unterredung zwischen Roshi und Schüler
Gacchāmi – (Pali) in Angriff nehmen, unternehmen
Gasshō – (japanisch) die Handflächen (zum Zeichen der Verehrung) zusammenlegen
Gāthā – (Sanskrit) Preislied oder knappe Zusammenfassung wichtiger Grundgedanken des Buddha-Dharma
Guru – (Sanskrit) ein verehrungswürdiger Lehrer

Hakama – (japanisch) eine Art Rock, den Männer über dem Kimono tragen

Hīnayāna – (Sanskrit) kleines Fahrzeug; eine Bezeichnung des Nördlichen Buddhismus für den Südlichen Buddhismus Südostasiens

Hōben – (japanisch) siehe Upāya

Hotoke – (japanisch) Buddha

Jikijitsu – (japanisch) der Mönchs-Älteste, dem in der Rinzai-Schule die Aufsicht im *Zendo* obliegt

Jisha – (japanisch) ein für die logistischen Vorkehrungen zuständiger Mönch im Rinzai-*Zendo*

Jōdō-shin-shū – (japanisch) Wahre Schule des Reinen Landes; wurde von Shinran Shonin (1174–1268) begründet

Kanzeon – (japanisch) Avalokiteshvara, Kuan-yin (Guanyin), Kannon; einer, der die Klänge (Schreie) der Welt wahrnimmt (erhört); die Inkarnation des Mitempfindens; ein Bodhisattva des Nördlichen Buddhismus

Karate – (japanisch) leere Hand; eine der japanischen Kriegskünste

Karma – (Sanskrit) Handlung; die Welt von Ursache und Wirkung

»Katsu!« – (japanisch) Ausruf japanischer Zen-Meister

Keisaku – (japanisch) Kyosaku

Kendō – (japanisch) Schwertweg; das Fechten im japanischen Stil

Kenshō – (japanisch) Wesensschau, Selbst-Wesensschau; gnostische Erfahrung der Zen-Praxis

Ki – (japanisch) Rückkehr; sich belaufen auf; das Wirken

Ki – (japanisch) Atem, Geist, geistige Stärke

Kie – (japanisch) siehe Saranam gacchāmi

Kinhin – (japanisch) Sutra-Gang; Gruppenübung im Gehen zwischen den einzelnen Sitzzeiten

Kōan – (japanisch) relativ/absolut; ein Ausdruck der zwischen leerem Eins-Sein und der Welt der Einzeldinge bestehenden Harmonie; ein Zazen-»Rätsel«, das es aufzulösen gilt

Kū – (japanisch) Himmel, Sunyata, Leere

Kyosaku – (japanisch) Keisaku, Erweckungsstock; der abgeflachte Stock, den der Aufsicht führende Mönch während Zazen trägt

Mahāyāna – (Sanskrit) großes Fahrzeug; der Nördliche Buddhismus Chinas, Koreas und Japans (auch der tibetische Buddhismus)

Makkōhō – (japanisch) Die Methode der unmittelbaren Begegnung; ein System von Streckübungen

Makyō – (japanisch) geheimnisvolle innere Bilder; ein während oder in Verbindung mit Zazen auftretender tiefer Traum

Mañjushrī – (Sanskrit) Schöne Tugend; die Inkarnation der Weisheit; ein Bodhisattva des Nördlichen Buddhismus

Mantra – (Sanskrit) eine kraftgeladene Silbe; Ausdruck der Verehrung
Mu – (japanisch) nicht, nichts, ist nicht, hat nicht; Beispiel aus dem *Wu-men-kuan*; häufig das erste Kōan des Zen-Schülers
Mudrā – (Sanskrit) Siegel, Zeichen; symbolische Handhaltung
Myōkōnin – (japanisch) die Erhaben-Reinen Menschen; eine in der Reines-Land-Tradition stehende gnostische Bewegung
Namu Amida Butsu – (japanisch) Verehrung des Amitabha Buddha
Nichihonzan Myōhōji – (japanisch) Untersekte des *Nichiren;* wird auf Fudjii Nichidatsu zurückgeführt (geb. 1885)
Nichiren – (japanisch) die Nichiren-Schule; so benannt nach ihrem Gründer Nicheren Shonin (1222–1282)
Nihonza – (japanisch) japanische Sitzhaltung; *Seiza*
Nirvāna – (Sanskrit) Verlöschen, Verlöschen des Verlangens; im Nördlichen Buddhismus: die in der Erscheinungswelt zum Ausdruck gelangende Weisheit
Ōbaku – (japanisch) die Ōbaku-Schule; Nebenlinie der Rinzai-Schule; sie entstand, als das Rinzai-Zen, das sich mit dem Amitabha-Pietismus vermischt hatte, aus China wiedereingeführt wurde
Oshō – (japanisch) Vater; Titel eines Priesters
Pāramitā – (Sanskrit) Vollkommenheit, Buddhaschaft
Prajñā-Pāramitā – (Sankrit) Vollkommene Weisheit
Rinzai – (japanisch) die Rinzai-Schule; geht auf Lin-chi- I-hsüan (gest. 866/67) zurück
Rōhatsu-Sesshin – (japanisch) ein Sesshin, das während der kältesten Jahreszeit acht Tage lang begangen wird; das Sesshin erinnert an Shakyamunis Erleuchtung am 8. Dezember
Rōshi – (japanisch) verehrungswürdiger Meister
Samādhi – (Sanskrit) die Sammlung des Geistes; siehe *Dhyāna*
Sanbō Kyōdan – (japanisch) Orden der Drei Kostbarkeiten; die von Yasutani Hakuun (1885–1973) sich herleitende Zen-Schule
Sangha – (Sanskrit) Menge, Schar; buddhistische Mönchsgemeinde; buddhistische Gemeinde; eine Gruppe von Suchenden
Sarana – (Pali) Schutz, Heim, Zuflucht; Freiheit von Bedingtheit
saranam gacchāmi – (Pali) bestrebt sein, eine Wohnstatt zu finden in; Freiheit von Bedingtheit finden bei
Sarvodaya Shramadana – (Sinhalesisch) das Erwachen Aller durch das Spenden der Persönlichen Energie; eine Gemeinde-Entwicklungsbewegung in Sri Lanka, die sich auf den Buddhismus beruft
Seiza – (japanisch) still sitzen; traditionelle japanische Sitzhaltung; alternative Sitzhaltung beim Zazen
Seiza Shiki – (japanisch) das Seiza-System; körperliche und geistige Kultivierung durch die Seiza-Praxis

Semmon Dōjō – (japanisch) spezieller Übungsort; ein Rinzai-Zentempel, in dem Nonnen und Mönche geschult werden

Sensei – (japanisch) Lehrer

Sesshin – (japanisch) das Sammeln des Herz-Geistes; Zen-»Exerzitien«, die üblicherweise sieben Tage dauern

Shariputra – (Sankrit) Hauptschüler des Buddha; an ihn richtet sich das Herz-Sutra

Shōken – (japanisch) einander sehen; das erste Dokusan eines Schülers bei seinem Meister

Skandas – (Sanskrit) die konstituierenden Elemente der »Persönlichkeit«; wahrgenommene Dinge und Ebenen der Wahrnehmung

Sōtō – (japanisch) die Soto-Schule; führt ihren Ursprung auf Tungshan Liang-chieh (840–901) zurück

Sūtra – (Sanskrit) klassische Schriften; dem Buddha zugeschriebene Lehrreden; Leitfaden der buddhistischen Lehre

Takuhatsu – (japanisch) die Eßschale zeigen; der traditionelle buddhistische Bittgang

Tatami – (japanisch) die schweren 2 x 1 Meter großen Fußmatten, die in trad. japanischen Häusern und Tempeln als Bodenbelag dienen

Tathāgata – (Sanskrit) Der so Dahingelangte; ein(er der Titel des) Buddha

Teishō – (japanisch) Darlegung; die Darlegung der Zen-Erfahrung durch den Roshi

Theravāda – (Sanskrit) die Lehre der Ordensältesten; der moderne Buddhismus in Süd- und Südostasien

Ti Sarana Gamana – (Pali) die Dreifache Zufluchtnahme; die Zeremonie, in der man seine Wohnstatt im Buddha, im Dharma und im Sangha nimmt

Upāya – (Sanskrit) Geschicklichkeit in der Methode; mitempfindendes und weises Handeln

Yajñadatta – (Sanskrit) Enyadatta; ein Wahnsinnger der buddhistischen Mythologie

Zafu – (japanisch) Sitzkissen; das beim Zazen benutzte Kissen

Zazen – (japanisch) in Versunkenheit sitzen; *Dhyana;* Zen-Meditation

Zen – (japanisch) *Dhyana;* die Zen-Schule; die zwischen leerem Eins-Sein und der Welt der Einzeldinge bestehende Harmonie

Zendō – (japanisch) Meditationshalle, Zen-Halle

LITERATUR ZU ZEN

Einführende Werke

Buksbazen, John Daishin. *To Forget the Self.* Los Angeles: Center Publications, 1977.

Gard, Richard A. *Buddhism.* New York: Braziller, 1962.

Kapleau, Philip, ed. *The Three Pillars of Zen.* Boston; Beacon Press, 1980. (dt. u. d. T.: Die drei Pfeiler des Zen. Bern 1981 (S. bearb. A.)

Reps, Paul, ed. *Zen Flesh, Zen Bones.* New York: Doubleday, 1957.

[Sasaki, Shigetsu]. *Cat's Yawn.* New York: First Zen Institute, 1947.

Sato, Giei, and Nishimura, Eshin. *Unsui: A Diary of Monastic Life.* Honolulu: University of Hawaii Press, 1973.

Suzuki, Shunryū. *Zen Mind, Beginner's Mind.* New York: Weatherhill, 1970. (dt. u. d. T.: Zen-Geist, Anfänger-Geist. Zürich 1975)

Watts, Alan. *The Spirit of Zen.* New York: Grove Press, 1958. (dt. u. d. T.: Vom Geist des Zen. Basel 1956).

Abhandlungen und Erörterungen

Aitken, Robert. *A Zen Wave: Bashō's Haiku and Zen.* New York: Weatherhill, 1979.

Hasegawa, Seikan. *The Cave of Poison Grass.* Arlington, Va.: Great Ocean Publishing Co., 1975.

Leggett, Trevor. *A First Zen Reader.* Rutland, Vt.: Tuttle, 1960. *The Tiger's Cave.* Boston Routledge & Kegan, 1977.

Maezumi, Hakuyū Glassman, Tetsugen, ed. *On Zen Practice.* Los Angeles: Center Publications, 1976. *The Foundations of Practice.* Los Angeles: Center Publications, 1976. *The Hazy Moon of Enlightenment.* Los Angeles: Center Publications, 1978.

Mitchell, Stephen, ed. *Dropping Ashes in the Buddha.* New York: Grove Press, 1976.

Ross, Nancy Wilson, *The World of Zen.* New York: Random House, 1960.

Sensaki, Nyogen, et al. *Namu Diabosa: A Transmission of Zen to America.* New York: Theatre Arts, 1976.

Shibayama, Zenkei. *A Flower Does Not Talk.* Rutland, Vt.: Tuttle, 1970.

Shimano, Eido, ed. *Like a Dream, Like a Fantasy: The Zen Writings of Nyogen Senzaki.* New York: Japan Publications, 1978.

Dōgen Zenji

Cleary, Thomas, *Records of Things Heard from the Eye of the True Teaching: A Translation of the Shōbōgenzō Zuimonki.* Boulder: Great Eastern, 1980.

Cook, Francis. *How to Raise an Ox.* Los Angeles: Center Publications, 1978.

Kim, Hee-Jin. *Dōgen Kigen: Mystical Realist.* Tucson: University of Arizona Press, 1975.

Maezumi, Hakuyū. *The Way of Everyday Life.* Los Angeles: Center Publications, 1978.

Yokoi, Yuho/Brian Victoria. *Zen Master Dogen: An Introduction with Selected Writings.* New York: Weatherhill, 1976.

Kōan-Sammlungen und Ausdeutungen

Cleary, Thomas, and Cleary, J. C. *The Blue Cliff Record,* 3 vols. Boulder: Shambhala, 1977.

Cleary, Thomas. *The Book of Serenity,* 3 vols. Weatherhill. o. J.

Hoffman, Yoel. *Every End Exposed: The 100 Perfect Kōans of Master Kido.* Brookline, Mass.: Autumn Press, 1977.

Miura, Isshu/Sasaki, Ruth. *The Zen Kōan.* New York. Harcourt Brace, 1966.

Sekida, Katsuki. *Two Zen Classics: Mumonkan and Hekiganroku.* New York. Weatherhill, 1977.

Shibayama, Zenkei. *Zen Comments on the Mumonkan.* New York: Mentor, 1975.

Yamada, Kōun, *Gateless Gate: A Definitive Translation of the Mumonkan.* Los Angeles. Center Publications, 1980.

Sutras

Chang, Garma C. C. *The Buddhist Teaching of Totality: The Philosophy of Hwa Yen Buddhism.* University Park. Penn.: 1971.

Price, A. F. *The Diamond Sutra.* Boulder: Shambhala, 1969.

Weitere Zen-Literatur in deutschen Ausgaben. Eine Auswahl

Bancroft, Anne: Zen. München 1985
Bi-Yän-Lu: Meister Yüan-wu's Niederschrift von der smaragdenen Felswand, Bd. 1–3. München 1963, 1964, 1973
Chang, Chung-yuan: Tao, Zen und schöpferische Kraft. Köln, 4. Aufl. 1985
Deshimaru-Roshi, Taisen: Za-Zen. Weidenthal, 3. Aufl. 1984
Dürckheim, Karlfried von: Wunderbare Katze. München 5. Aufl. 1982
Enomiya-Lassalle, Hugo M.: Zen-Meditation. Köln, 3. Aufl. 1986; –, Zen und christliche Mystik. Freiburg/Br. 1986
Fromm, Erich/Suzuki, Daisetz T./Martino, Richard de: Zen-Buddhismus und Psychoanalyse. Frankfurt/M. 1976
Han, Shan: 150 Gedichte vom Kalten Berg. Köln, 4. Aufl. 1984
Hoover, Thomas: Die Kultur des Zen. Köln, 3. Aufl. 1986
Izutsu, Toshihiko: Philosophie des Zen-Buddhismus. Reinbek 1979
Kapleau, Philip (Hrsg.): Die drei Pfeiler des Zen. Zürich/Stuttgart 1969
Suzuki, Daisetz T.: Die große Befreiung. München 1979
Watts, Alan: Dies ist Es. Reinbek 1985; Vom Geist des Zen. Frankfurt/M. 1986.
Wetering, Janwillem van de: Der leere Spiegel. Reinbek 1981